UN SUEÑO HECHO REALIDAD

Angelina Suárez

Derechos de autor © 2024 Angelina Suárez
Todos los derechos reservados
Primera Edición

PAGE PUBLISHING
Conneaut Lake, PA

Primera publicación original de Page Publishing 2024

ISBN 978-1-6624-9704-9 (Versión Impresa)
ISBN 978-1-6624-9740-7 (Versión electrónica)

Libro impreso en Los Estados Unidos de América

Fui víctima de un engaño, porque un primo, hijo de un hermano de mi papá, me cortejó primero como prima y luego como novio. Me dijo que no era hijo de mi tío, hermano de mi padre, sino que era primo de una prima que era hija de otro hermano de mi padre. Esta prima tenía aproximadamente 10 años más que yo. Cuando yo tenía unos 14 años, le pedí a mi papá que me llevara con su tío, hermano de mi papá.

Mi papá me llevó en una mula sin amansar, y llegamos a un pueblo llamado Cuautla, en Michoacán. En casa quedó mi madre y 5 hermanas menores que yo, 1 hermano menor. Al poco tiempo, supe que todos mis hermanos habían contraído el sarampión, y yo también, pero en casa de mi tío, mi prima me ayudó mucho. Decía a la gente que yo era su hija, pero en el pueblo, como era muy pequeño, se dieron cuenta de que ella era lesbiana porque nunca se casó; era soltera.

A los 3 años, surgió la idea de venir a los Estados Unidos, y un buen día conocí a Antonio Verdusco, que resultó ser amigo de mi papá. Por cierto, Antonio Verdusco padre estaba muy enamorado. Cuando me mudé a los Estados Unidos, vivimos con mi prima política, es decir, la cuñada de mi prima solterona. La criticaban por no casarse, pero sé que me ayudó mucho y fue mi apoyo cuando más lo necesitaba.

Cuando mi papá me llevó con mi tío, padre de mi prima, no sabía nada sobre la situación. Crecí en un rancho llamado El Mango, municipio de Cuautla, Michoacán. En mi niñez, recuerdo algunas cosas y otras no. Mamá me decía que solo recordara lo malo. Le contestaba que creía que había más cosas malas que buenas. No recuerdo que me hayan dado un abrazo, mucho menos un beso, ni de mi padre ni de mi madre. Recuerdo que estaba muy pequeña cuando empecé a ayudar a cuidar cerdos y después buscar las vacas para ordeñarlas. Mis padres eran muy pobres y tenían muchos hijos. No sé cómo hacían mi papá y mamá para mantenernos.

Mi mamá dice que tuvo 15 en total, pero yo soy el número 7 de los que conozco. Me acuerdo porque ni siquiera mis padres saben cuándo nacieron cada una de mis hermanas. A mí me pusieron una fecha equivocada de nacimiento porque no escribían las fechas de nacimiento de cada una de mis hermanas. Hasta que me vine a los Estados Unidos, supe mi edad, porque aquí comenzaron a preguntarme nombre y edad, pero yo no sabía. Mi prima me ayudó con lo que sabía.

Después de venir a los Estados Unidos con mi prima, se casó un cuñado, esposo de una de mis hermanas. Por cierto, cuando vivía en El Mango, ella se fue de casa porque no aguantaba a mis padres. Lo sufrí mucho cuando mi hermana se fue, pero mi padre no se enojó tanto como cuando se fue la segunda, que era la más grande. Recibió una paliza de mi papá y la echaron de la casa. Mi mamá le dijo que se fuera porque mi hermana le decía a mi mamá que algo le iba a pasar a mi papá. Estaba oscureciendo cuando mi mamá le dijo a mi hermana: "Vete con tu tío David". Mi papá llegó buscándola, y mamá dijo que no sabía dónde estaba. Mi papá se fue por el mismo camino por el que mi hermana se fue. Mi mamá sabía que no había pasado mucho tiempo desde que mi hermana se fue. Mi papá la alcanzaría. Pobre de mi hermana Teresa. Ese es el nombre de mi hermana mayor, que aún vive a pesar de que vivió una vida difícil, pero no tan difícil como la vida de los perros en los Estados Unidos. Allí los cuidan. No vivió como un perro de Estados Unidos, que hasta los animales tienen cuidado y no son maltratados. Pero en mi niñez no fue así.

Mi papá me pegaba con lo que encontraba primero: palos, piedras, barras, y todo lo que tenía a mano. Bueno, ya es muy tarde, son las dos de la mañana, y no puedo dormir. Hoy recordé muchas cosas de mi vida, que contaré más tarde. Voy a tratar de dormir porque mañana será un día pesado para mí. Bueno, estoy un poco cansada, puedo seguir un ratito más. Estoy pensando que he tenido muchas cosas esta semana. Por cierto, estuve con el Pastor Amaya, que por cierto supo de mi caso antes de mi divorcio. Pero tal vez estaba tan mal que pienso que un tema como el que dio podría haber salvado mi matrimonio. Sé que un día hablé con mi esposo, pero no hubo buenos resultados. Fuimos dos veces a consejería, pero él decía que yo fuera porque él no tenía tiempo. Después de dos años, comenzó a llegar tarde, llegaba tarde a casa. Según él, tenía otro trabajo. Un día, hablando con él, le dije que no quería que llegara tarde. Me contestó: "¿Cómo voy a pagar la casa?". Le respondí: "A ver, ¿cómo alcancé a decir que trabajas si no veo dinero extra? Antes pasabas tiempo conmigo en el sofá, pero ahora ni tú ni el dinero". Hoy mismo lo releí. Me acuerdo de todo lo que sufrí junto a ese hombre. Han pasado 4 años desde mi separación, que para mí parece que fue ayer. Aguanté bastante. A veces, salía de casa porque echó a mi hijo mayor, que estaba celoso de él, porque decía que yo quería más a él. Incluso les decía a mis otros hijos que me desvivía por Emanuel, que es el nombre de mi hijo mayor, mi primer hijo. Si siento un gran amor por él, tal vez porque fue el fruto de mi propia sangre. El padre de mi hijo es hijo de mi primo. La gente que lea mi libro pensará que soy o fui una mujer malvada, pero no. Fui víctima de una apuesta entre mi primo político y el padre de mi hijo, Manuel.

Para separarnos entre mi prima y yo se ponen de acuerdo de la apuesta, pero para eso ya él me convidaba a los bailes a todos los lugares. Se convirtió en mi sombra hasta que un día me dijo que me amaba. Le contesté: "Cómo, si somos primos". Me dijo: "No, yo soy hijo de mi mamá, no soy hijo de Manuel Suárez. Yo era hijo de ella solamente". Mi tío no era su papá. Pues yo no estaba segura. Decidí escribirle una carta a su mamá. Duró para contestar, pero un día llegó la esperada carta y la carta de su Angelina: "Me preguntas que si Norberto es hijo de tu tío Manuel. No es hijo de tu tío, pero tu papá y tu tío son hermanos". Pues yo sabía siempre que mi papá tenía un hermano que se llamaba Manuel Suárez, pero no sabía cuántos hijos tenían, mucho menos los conocía.

Además de esa familia, yo, cuando viví en México, no supe dónde vivían, ni siquiera cuántos eran, hasta que los conocí en

Estados Unidos, en Popponesset. Precisamente me moví a este lugar porque cuando vivía en Yakima, Watson, conocí a un hombre que amablemente nos ayudó llevándonos a trabajar a mí y a mi prima. Yo no pensaba que él estaba interesado en mí, pero al pasar tiempo con él, bueno con ellos, porque íbamos las cuatro personas a trabajar en los campos de manzana, yo veía que cuando él trataba de quedar muy cerca de nosotros, porque mi prima y yo siempre trabajábamos juntas, hasta que noté que él siempre escuchaba canciones románticas de Los Bukis, Juan Sebastián, Samuray, y otras tantas que ahora ya olvidé.

Pero cuando me di cuenta, yo estaba enamorada. Este hombre me gustaba en todo. Era muy amable y detallista. Pero estaba casado. Donde vivía, había una casa de una hermana de la esposa cerca. Un hermano de él vivía con la persona con la que vivíamos mi prima y yo. También era prima de ella. Así que pronto estalló la bomba. Su esposa se dio cuenta de lo que pasaba, pero yo no tenía la culpa. Él me perseguía donde fuera yo, y yo no podía rechazarlo, por eso decidí moverme a Popponesset.

Ya me encontré al otro malvado, mi primo, cansado y enojado. Yo pensaba: "¿Qué hice yo para que me pase esto?". El hombre del que me enamoré estaba casado, y el que me pretendía era mi primo. Él decía que no, pero a quién le hago caso. Por fin, fuimos a hablar con un padre católico. Le platicamos que nos queríamos casar, pero el padre no quiso, porque algunas personas decían que él mentía, que él era hijo de mi tío. Pero yo creía que una madre no podía mentir. Porque él le dijo a su mamá que, si no escribía a mí la carta, que yo le decía que quería saber si éramos primos, no le iba a decir que sí. Por eso, cuando el padre no quiso casarnos, me tomó de la mano, me subió al carro, y en el carro fue nuestro hotel.

Me trató bien. Yo tenía miedo porque era virgen, así que él fue mi primer hombre. Hasta le decía: "Ay, espera, porque me duele", y él fue muy paciente y cariñoso conmigo. Estuvimos una hora juntos. Después, me llevó con mi prima, y yo le dije la verdad. Ella dijo: "Ya se salió con la suya este desgraciado". Tuvimos una discusión. A los pocos días, le dije: "Cásate conmigo", porque él me había prometido que se quería casar conmigo. Y así fue, se casó conmigo, y tuvimos una comida sencilla, porque todos los parientes estaban enojados con nosotros.

A los pocos meses, estaba embarazada de mi hijo Emanuel. Nos vinimos a vivir en Yakima. Hasta que un día él me mentía, decía que se iba a trabajar, pero no traía a casa dinero ni me compraba mis antojos. Yo no quería comer lo que me daban a mí, que era leche, huevos, queso del W-KV, un programa que les ofrecen a las personas embarazadas. Yo le decía: "Llévame a la calle a ver si se me antoja algo". A veces me llevaba, pero luego no tenía dinero para pagar.

Hasta que un día el señor de la renta venía muchas veces. Le pregunté por qué venía tanto. Ese hombre nomás espera platicar conmigo, pero un día vino cuando no estaba él. Yo le pregunté por qué buscaba a mi esposo. Me contestó: "Me debe la renta y el depósito no me lo pagó". Cuando llegó, yo estaba muy enojada y desesperada. Le dije: "¿Qué haces con el dinero? Porque el rentero decía que le debes desde que entramos", y yo le había dado todo mi dinero, que con tanto trabajo lo había ganado, porque para eso yo trabajaba en el espárrago.

Pero me sentía muy mal. Me deprimí mucho, porque, de cualquier manera, yo estaba muy acostumbrada a vivir con mi prima. Pero cuando nos casamos, todos nos dieron la espalda por la mentira. Él me dijo a mí: "Tan solo por una apuesta lo hice con un primo político". Nos iba a separar a mí y a mi prima la solterona. Así fue como me separé de mi primer matrimonio. Ese mismo día o noche, porque era de noche, me dijo: "Si quieres ir, yo mismo te pongo las cosas en el carro, porque no quiero que nadie te ayude".

Sentí tan feo que sentí a mi hijo dentro de mi estómago que se movió. Yo tenía más o menos 3 o 4 meses de embarazo. Me fui con mi prima política, que vivía en la misma ciudad, en Yakima. Allí estaba mi prima, la solterona, vivía con su cuñada, Edel. Mira, Verdusco, ya han pasado más de 35 años, créeme, que todavía recuerdo, y me duele. Allí viví. Eché los niños al autobús de la escuela, las llevaba a trabajar a dos primas.

Hasta que un día recibí una llamada del papá de mi hijo. Me dijo que sí quería ayuda, pero no me había ayudado en los meses que no vivía con él. "Sí quiero ayuda, pero tú no quieres dármela, tanto que me decías que querías estar conmigo y otras veces me corrías de tu lado". "Yo me equivoqué, pero no me gusta cómo me tratas. Pues entonces, pídele a otro la ayuda", y se fue otra vez. Me quedé llorando. Pasaron tres meses más cuando mi prima se enfermó de un ataque cerebral.

Cuando eso pasó, yo estaba con ella. Habíamos ido a matar unos chivos para preparar una comida para una celebración que se hacía en Popponesset, de parte de la Iglesia católica. Cuando cayó de rodillas con los puños cerrados, el cuchillo en una mano y en la otra un pedazo de carne, como 3-4 pasos de lejos de mí, me dejé caer para ayudarle, pero no pude hacer nada. Le decía: "¡Socorro!". No podía hablar con su boca, ni con sus manos. Me dijo que no podía. Empecé a gritar hasta que salió la dueña de la casa, que por cierto es la madrina de mi hijo Emanuel, y me dijo: "Es un ataque".

Yo no sabía qué hacer. La llevamos al hospital de Popponesset. Ahí, una asistente social nos ayudó. Después, me llevó a Yakima, al hospital Providence. Yo me quedé esperando. Me preguntaron si yo sabía si ella era donadora de órganos. Yo no sabía nada. Le preguntaron si ella era donadora de órganos. Yo no sabía nada. Me dijo que si ella era donadora de órganos. Porque era como el setenta por ciento que sobreviviera. Yo no pensaba en comer. Ahora pienso: "¿Cómo fue que mi hijo sobrevivió?". Y yo también. Solo un milagro de Dios. Porque yo estaba anémica cuando él nació. Me pusieron tres porciones de sangre, yo solita en el hospital. Solo una señora que conocía, que era intérprete de todos los que no sabíamos nada de inglés, me llevó al hospital. Se quedó conmigo. Me ayudó. Nació mi hijo. 7 libras, 21 y ½ pulgadas de largo. Un milagro de Dios. Él vino sano. Yo estaba muda, deprimida y sin poder comer, porque mi prima había muerto en septiembre. No recuerdo el día, pero me pasé con ella en el hospital, porque era la familia más cercana.

A los quince días le dio otro ataque, que me dijeron que no tenía vida. Llegué cuando la tenían salvando. Yo estaba todavía embarazada de mi hijo Emanuel. Él nació el 25 de octubre de 1987. Pero yo, con la pena de que mi prima había muerto, no me cuidé. Es por eso que él está tan mal. Cuando nació, yo no quería comer. Pensaba: "¿Qué clase de Dios es que me quita a la persona que me ayudaba cuando más necesito?". No quería saber nada de él, porque sentía que me enredaba más, y las personas se alejaban de mí.

Hoy sé que Dios no quiere lo malo para nadie, porque Dios es amor. Lo dice Juan 3:16. Pero yo, en aquel entonces, no sabía nada. Ni siquiera sabía leer muy bien. Para saber de Dios, se requiere conocerle, y hay dos maneras de conocerle: leyendo su palabra y orando. Es como una manera de hablar con él, pero yo no la sabía. Hasta que un día tuve que manejar de Uplato a Yakima, y había mucha nieve. Salí de casa con mucho miedo, y de los nervios que llevaba, no puse los limpiaparabrisas. Ese carro no era mío. Era una troca de mi esposo, que ese día no fue a trabajar.

Llegué a las cuatro paradas, sentí que no se detuvo. En un abrir y cerrar de ojos, yo estaba fuera de la carretera. Faltó poco para pegar en un poste de luz. Logré bajarme, porque sentía que se iba a volcar la troca. Ni siquiera saqué las llaves. Pasó un carro, se paró y me dijo: "¿Quieres ayuda?". Le dije que me llevara a casa. Llegué a casa, mi esposo estaba dormido. Llegué y le dije: "Si quieres sacar tu camioneta, sácala, porque me salí de la carretera". Fuimos y ocupamos una grúa para sacarla. Me llevó al trabajo. Llegué tarde. "Angelina, ¿por qué llegas a esta hora?". Le dije: "Figúrense que llegué, aunque sea tarde, como dice una canción. No se fijen en cómo vengo. Fíjense que ya llegué".

Una compañera de trabajo llamada Ángela me preguntó: "Angelina, ¿te dio miedo?". Sí, porque estaba resbaloso y había muchas cruces de personas que se habían muerto, y pensaba que iban a venir a tocar mi ventana del carro. Ay, Angelina, me decía. Los muertos nada saben. Pero yo crecí sabiendo que hay ánimas del purgatorio que están penando. Así decía mi mamá. Yo creía eso. Ya no creo más esas fábulas o mitos, porque Dios ha dado un libro de libros, que es la Santa Biblia. Yo creo lo que dice, que los muertos nada saben, que cuando mueren, todo queda en el olvido. Su odio, sus pasiones, y nunca tienen más participación bajo el sol. Eclesiastés 9, 4-6.

Por mucho tiempo yo creí que las almas estaban penando. Cambió mi manera de pensar cuando conocí a Dios. Pensé que era muy fácil, pero conforme iba conociendo más, me di cuenta de que no era tan fácil porque tienes miedo al rechazo de tus amigos. Pero me di cuenta de que cuando estaba en el mundo, muchas cosas se me hicieron fáciles. Al final, estaba vacía y sin esperanza. Después, cuando yo quise rehacer mi vida, después de pasar tantos malos momentos, apareció en mi vida mi novio, mi primer novio de 14 años, que según me quería tanto que por 5 años me buscó con toda la intención de hacerme feliz. Pero no sé qué pensaba cuando me buscaba, al menos que todavía era la inocente que él podía manejar. Me casé con él y luego en pocos años comenzó mi condena.

Fueron unos pocos años cuando empezó con unos celos sin motivo. No podía decirle "vamos a comer a ese lugar" porque cuando yo le decía, luego me decía con quién. De tantas veces que estuve allí sentía tanto sentimiento que ya no quería comer y acabábamos peleando. Me decía: "Perdóname, no sabes lo que son los celos, es que esa mujer, la madre de mis hijos, me engañó". Me decía: "Me quedé cuidando a mis hijos y me dije 'voy a trabajar' y se hizo tarde y no venía". Fui a buscarla y la encontré besándose con otro hombre. ¿Yo qué culpa tengo? Yo no te he hecho nada para que te celaras así".

Pasaron los años, una cosa y otra, hasta que empezó a tomar y llegaba tarde de trabajar. Me daba coraje al ver cómo tomaba, sentía que no era suficiente para él, por eso bebía. Tomaba hasta que un día me propuse no más, cuando llegara tomado no quería que los niños lo vieran borracho. "Para de beber porque aparte me da miedo", le decía. Se ponía como loco diciendo que un mono negro lo seguía y hacía las tapaderas de las botellas un taco. Pero yo no quería que supiera que tenía miedo. Un día tiré un seis de cerveza afuera. Mis hijos no se daban cuenta porque estaban dormidos, cuando yo me ponía a discutir porque él llegaba borracho, un día me pegó porque le tiré las cervezas afuera. Sentí que miré estrellitas del golpe. Le dije que iba a llamar a la Policía, pero yo no tenía valor para llamarla. Se fue a dormir con su hermano Sergio y los seguí para ver a dónde iba. Lo vi cuando pasó a la casa de su hermano.

Otro día venía pidiendo perdón, diciendo que no sabía lo que hacía. Yo le perdonaba, pero no podía quedar embarazada y me decía que a lo mejor ya no podía tener más hijos y que él quería una niña, porque los dos hijos eran hombres. Así fue hasta que por fin salí embarazada de una niña. Mi hija nació, la niña esperada. Yo pensé que ya iba a estar en paz, porque él quería una niña.

Pero un tiempo cambió de nuevo, detuvo el tomar y entramos a la Iglesia, porque él quería ir a la Iglesia. Aún hoy pertenezco a la Iglesia, pero por un tiempo se compuso, dejó de beber. Pero los años pasaron con muchos problemas que no se podían resolver. Constantemente nos mudábamos de un lugar a otro y para mí era una pérdida. Lo más grande fue cuando compramos una casa en La Kima, pero tuvimos que mudarnos y después esa casa la rentamos y luego tuvimos problemas porque la casa todavía era nuestra y dejaron de pagarla. Llamaban porque no recibían el pago de la casa. Yo respondía que ya no era de nosotros, pero el banco decía: "Ustedes todavía son responsables por el préstamo". Yo le decía a él: "Tú tienes la culpa por andar haciendo cosas que ni siquiera sabes hacer". Él se ponía furioso: "Si yo no sirvo para nada, soy un pendejo. ¿Para qué te metes en cosas que nadie te pide que hagas?".

Pues para no hacerlo más largo, yo tenía que callarme y el problema nunca se resolvía. Cuando pasaba eso, me deprimía hasta el extremo, confundía cosas, olvidaba citas, todo lo perdía. Lloraba por todo, me enojaba por todo. Me preguntaban: "¿Dónde está esto?", y yo no sabía por qué no hacía eso, no sé. Así iba a trabajar, manejando, a veces iba manejando y de pronto me daba un sentimiento que no podía manejar. Me iba fuera del camino, lloraba hasta que me componía. Hasta que un día llamé al pastor, no sé cómo llamé porque no quería que nadie supiera que yo estaba así. Pensaba muchas cosas, pero el pastor fue muy paciente. Le dije lo que pasaba y me dijo: "Hermana, el demonio no dice nada, se sale para fuera". O sea, iba en la camioneta que manda llanta y después llegaba y si decía algo, yo me decía: "Llevas en pensar otra vez".

Aunque no me gustaba, tenía que callarme porque pensaba en mis hijos. El mayor tenía como 10 años cuando yo me casé y el segundo tenía como 9 años. Los dos eran seguidos, uno en octubre de 1987 y el otro en 1989. Y así pasaron 6 años cuando tuve a mi hija, la que tenía 2 años y medio cuando yo conocí a ese hombre que me decía que me quería y que se sentía culpable de mis fracasos. Decía que porque él se había venido para los Estados Unidos, se casó con otra que él no quería, pero que un día se estaba bañando y ella se metió y que él no pudo hacer nada, así que se tuvo que casar porque salió embarazado. Yo esperé más de 2 años hasta que un día volvió, pero me dijo que ya estaba casado y tenía un hijo. Pasaron muchos años y no supe nada de él, hasta que apareció para engañarme con su mentira de que no le importaba que yo tuviera 3 hijos, que todavía me quería. Yo buscaba un hombre que me quisiera, pensé que había caído del cielo, pero no fue así.

Yo no quería quedarme sola otra vez y pensé que él iba a cambiar, más aún porque estábamos en la Iglesia. Pero el problema nunca se terminó, fue más y más. Hasta enfermarme tomé pastillas de prescripción y consejería, pero para él, mi esposo, yo estaba loca porque lo quería y él no iba conmigo. Lo mejor fue mudarnos a otro estado. Allá no te voy a decir nada por qué me relacionaba con el papá de mi hija, porque él vivía en la misma ciudad y cada vez que yo salía me decía que se colgaba de sus huevos. Si me encontraba con él, iba a platicar con él.

Como yo le conté a mi esposo cómo habían ocurrido las cosas con respecto al papá de mi hija Perla, pues él cada rato me lo echaba en cara. Sabes, me pesó contarle mi vida, pero yo creí que sí me amaba y que no debía tener secretos entre él y yo. Así que le conté mi vida y me fue mal. Hasta la fecha pienso que él tenía un problema, pero por más que traté de que él lo reconociera, no fue posible. Bueno, uno de muchos problemas. Entre los problemas más altos está el problema del sexo. En eso, él nunca fue suficiente para mí. Hasta me llevó con un doctor para que me recetaran pastillas para que me calentara, porque él quería que cada noche, o por lo menos un día sí y otro no, y si no, se enojaba conmigo. Y yo, para que no estuviera enojado, fingía que lo sentía tan bien y bonito como decía él.

Estuvimos mucho tiempo así porque a mí me daba vergüenza que supieran que no éramos felices. Pero fue más y más, pidiéndome cosas que eran anormales para mí. Él me pedía que viéramos pornografía. Yo sabía que eso no estaba bien, o que tuviéramos sexo oral y él me quería forzar. Yo le decía que eso era abuso y que iba a llamar a la Policía. Entonces, se enojaba y me decía que, a lo mejor, me gustaban las mujeres, que por eso yo no quería sus cosas. Tan bueno que estaba. Pues cuando no me trataba tan mal, le decía que sí me gustaba, pero yo quería que me acariciara y me dijera cosas bonitas, pero él solo era como el gallo que agarra a la gallina del copete y se sube. Y así estuvo. Pero yo no soy como la gallina. Así era un martirio que se llegara la noche. Así pasaba todas las noches.

Para eso, él me decía que sin él no era nada, que si él un día me dejaba, yo me perdería en el mundo porque él me había sacado del mundo, como si realmente me hubiera sacado de una cantina. Pero vivía en mi casa cuando él me encontró. Es más, fue en la Iglesia Católica cuando él puso un anuncio para que yo supiera que me buscaba. Pero yo no fui a la segunda misa, y cuando se acabó, puso el anuncio "Se busca a Angelina Suárez". Entonces, me dirigí a la persona del anuncio y le pregunté quién me buscaba. Me dijo que era un hombre que estaba desde la mañana.

Me dirigí a las puertas a ver si veía al hombre que me buscaba, cuando vi que estaba un hombre barbón. Le dije: "¿Tú me buscas?". Me dijo: "Sí, yo te busco". Pues yo tenía años que no lo había visto. Le dije que si estaba casado, me dijo que no, por eso te vine a buscar. Me preguntó si no tienes compromiso. Le dije: "No, compromiso no, pero tengo un novio que me busca de vez en cuando". Pero hace una semana, estábamos platicando con mi novio y nos habíamos enojado, porque yo le decía que se casara conmigo, él me decía que necesitaba tiempo, pero yo tenía 1 año de conocerlo. Pero él necesitaba más tiempo, así que me despedí de él un poco enojada y le dije: "Ya no te espero más". Él me dijo: "Está bien, no me busques". Pero yo tenía un carro estándar que me estaba fallando y ese día del encuentro me encontré en los parqueaderos de la Iglesia. Me dijo: "Lo vamos a empujar y luego llévalo a donde lo llevaste a arreglar para que te lo arreglen". Bueno, fuimos a casa y dejé a los niños con mamá, y fuimos al lugar del mecánico que estaba en la calle 6 en Yakima. Y para mi sorpresa, estaba mi novio comiendo tacos en una taquería que se llamaba Tacos el Rey. Lo vi, le dije: "¿Es el hombre con camisa roja y pantalón blanco?". Me dijo: "Sí, ese es el hombre que te dije que era mi novio".

Y ahora que hago. Me dijo: "Súbete a tu carro y yo voy a seguirte en mi carro". Pues no sabía qué hacer. Hice lo que me dijo y tenía que pasar por enfrente de la taquería. Cuando me vio, se acercó a mi carro. Yo todavía abrí la ventana de mi carro para ver qué me iba a decir, pues no sabía que estaba enojado. Pues nos despedimos, decidimos que habíamos terminado, pero él pensó que yo tenía a él cuando él era todavía mi novio. Él me dijo: "No pensé que fueras una vieja tan gacha". Pues me dolió mucho, porque no pensé lo que él pensó. Me fui muy rápido del lugar, pero me siguió hasta la casa. Le dije: "Voy a arreglar esto, tú espérame dentro de casa". Me dijo: "Sí, pero no vayas a ningún lugar, no salgas, voy a platicar".

Empezó a decirme: "Así querías que me casara contigo, bueno, ¿de dónde salió tanto amor? ¿Quieres que le diga que se vaya y tú te quedas aquí?". Me dijo: "No, yo no soy un cerdo". "Pues entonces, vete, olvídate de mí, no quiero que me llames, olvídate de mí". Claro que me dolió, pero él pensó que yo lo tenía al mismo tiempo que a él, por eso estaba enojado.

Pasaron los días y él me dijo: "No puedo dejarte sola, tengo miedo de que te haga algo, por eso vamos a cambiar de lugar, corta el teléfono y me voy a quedar contigo, porque yo tengo la culpa". Para mí, era muy duro olvidar cómo ocurrieron las cosas, pero yo nunca tuve malas intenciones.

Así que me quedé con Ismael, se portó muy noble de su parte porque él no quería que las cosas fueran así. Un día fuimos al parque y allí estaba jugando fútbol. Bueno, lo vi, pero no dije nada, y ahí estaba mi cuñado Sergio. Bueno, Ismael se enojó porque no le dije que él estaba allí, pero yo no sabía qué hacer. Realmente me dolió mucho que termináramos, pero ya tenía como un año con esa relación. Pero él quería más tiempo para conocernos. Se llamaba Mario, el apellido no lo recuerdo. Después de este incidente, no lo volví a ver de verdad. Era muy divertido salir con él, pero él decía que quería más tiempo y quería que me casara con él para que estuviera con nosotros, porque yo tenía tres hijos.

Pero él se iba a México todos los años y la gente decía que allá tenía una mujer. Pero él me decía: "Yo te digo la verdad, no me quiero ir y dejarte sola". Cambié el teléfono, es decir, el número para que no me llamara. También nos mudamos varias veces, por si acaso volvía.

UN SUEÑO HECHO REALIDAD

A mí no me parecía que fuera correcto, pero yo obedecí como él quiso. Él se quedó allí con nosotros y con mis tres hijos.

Yo no sé cuánto tiempo pasó, me sentía muy mal por cómo ocurrieron las cosas. Mi mamá estaba en casa y se fue, yo no sabía qué iba a ser, se quedó a vivir con nosotros. Me dijo: "Traigo niñera para dar de enganche de una casa para vivir muy feliz". Me llevó con sus hermanos para decirles que ya había encontrado a su Angelina, porque yo era su Angelina. Después fuimos con el padre católico y le dije toda la historia, cómo me quería y quería casarse conmigo, pero él había sido casado por la Iglesia. Así que el padre me dijo que para casarse debía enviar una petición al Papa y que era muy complicado, que lo pensara muy bien, porque ser padre de tres hijos era más duro que ser sacerdote.

Pues así fue, se divorció por el civil y se casó conmigo. Todavía recuerdo, era noviembre 25 de 1985. Allí empezó. Fuimos a México y todo bien, volvimos. Pasaron 3 o 4 años cuando empezó a celarme y no quería dejarme salir sola. A mí no me importaba que fuera conmigo, pues yo no tenía ningún problema. Pero la gente me conocía por mucho tiempo estando sola, me preguntaban: "¿Te casaste?". Yo contestaba, pero él me decía: "¿Cómo conoces a tanta gente?". Pues a donde iba me conocían, tanto, tanto, que llegué a tenerle miedo, que un día escuchara algo que no fuera cierto.

Yo le decía: "Fíjate bien, yo no buscaré a otra persona, porque tengo a ti". Pues él me pedía cosas que no eran convenientes. Pasó el tiempo, a los tres años de casados nació mi hija. Por cierto, él pensaba que no iba a poder tener más hijos, pero él quería una niña, porque ya tenía tres hijos varones de su primer matrimonio. Él deseaba tener una niña. Y llegó el día esperado, nació mi hija Irma, que lleva ese nombre porque yo quería que fuera hombre para que llevara su nombre, porque cuando yo lo conocí era muy cariñoso.

Pero con el tiempo se dio cuenta de que se había casado con la persona equivocada, vivía muy disgustado con todo. Muchos gastos y lo que ganaba no era suficiente. Yo trabajaba haciendo comida en casa, cuidaba niños en casa porque yo tengo bastantes alergias para trabajar con tierra, químicos, lo verde, el polvo y asuntos así. No puedo trabajar en eso, pero, aun así, nunca dejé de trabajar, a pesar de que él decía que todo lo que hacía era poco, siempre me hacía sentir como si lo que hacía no valiera nada, y que yo sin él no era nada, porque él me decía que un día se iba a ir y yo iba a llorar. Pues es cierto, lloro y me pregunto por qué tuvo que pasar tanto tiempo para darme cuenta de lo mal que fui tratada y para qué viví tanto tiempo con ese hombre que me hizo tanto daño.

Perdí mi tiempo por vivir y no tener el valor para dejarlo. Pensaba que iba a cambiar, primero, porque me hizo creer que yo era el amor de su vida, y que por mí estaba muy contento cuando nació nuestra hija. Aun cuando ella nació, yo estaba a punto de perder la vida. Bueno, las dos. Me dijo el doctor: "¿Cuál quieres que salve?". Él dijo: "A las dos". Yo sinceramente no entiendo a veces, pienso que está enfermo o que tiene un mal puesto, porque no es feliz. Piensa en el dinero y el sexo. Pensaba que cuando él no pudiera, se iba a resentir, porque para él era todo el pensar en poder tener sexo todo el tiempo. Y yo para él no fui suficiente, porque era muy fría. Pensaba que era como un bloque de hielo, que no tenía deseos. Nunca fui suficiente para él, pero sí tenía deseos de que él me abrazara y me dijera cosas bonitas, no que me dijera cosas hirientes.

Así fueron pasando los años, hasta que mi hija tenía 16 años, empecé a cambiar. Llegaba tarde, cansado, sin querer nada, ni siquiera sexo, que tanto peleaba un día sí y un día no. Yo me sentía como si tuviera que hacerlo, porque si no, él se enojaba. Muchas veces tuve que complacerlo para que estuviera contento, pero sin sentir nada. Me sentía usada y pensaba que si él me quería, me había comprendido, no me preguntaría cómo me sentía después. Él se dormía muy tranquilo, pero yo me quedaba sin poder dormir. Parece mentira cómo pasa el tiempo, hasta que un día me dijo una amiga: "¿Por qué vuelves a tomar?".

Ella me contó que mi esposo compartía comida con unas viejas podridas, por decirlo así, porque siempre andaba escupiendo. Llegaba al trabajo borracho y empezó a llegar tarde. Le pregunté por qué estaba volviendo a tomar y me dijo que no era nada, a veces quería que me dijera que tenía otra mujer y que terminara conmigo, pero él lo negaba. Pero cuando tenía tiempo siempre quería irse, pero estar en casa, eso ya era costumbre, llegar intoxicado fue más y más. Hasta que llegó el día esperado en el que dije: "Tengo que descubrir la verdad". Le dije: "Sabes qué, ya no te quiero". Pero él pensaba que lo decía para que él me diera lo que quería. Pasamos peleando porque él quería que le besara sus partes íntimas, pero no me gustaba, me daba asco. Y cuando le decía que no, me decía que creía que a mí no me gustaban los hombres, me hacía creer que por eso no hacía lo que él quería. No era mujer, era como un bloque de hielo frío, y que todas las mujeres que le habían tocado eran muy frías.

Yo le decía: "Tú eres como el gallo, solo agarras a la gallina, el copete se sube y ya está". Pero yo no soy una gallina, necesito caricias, buen trato, amor y palabras bonitas, no desprecios. Así pasaron 20 años, hasta que lo descubrí con otra mujer de la calle, que no respeta a nadie. Me humilló diciéndole que yo no era una mujer para él, que lo tenía desatendido, que ni comida le daba, y muchas más mentiras. Cuando yo siempre lo esperaba con comida en casa y él, con el hecho de que no lo complacía como él estaba acostumbrado, hacía como que no me conocía. Así que por miedo y otras cosas que una mujer que conoce lo que es malo para su vida espiritual, que sabe lo que a Dios no le agrada, no se siente bien. Pues después de hacer mal las cosas, después de saber que no van con una pareja que se dice cristiana.

Para mí, después de hacer esas cosas, no podía dormir. Pensaba hasta cuándo va a pensar en esas cosas. Me fueron llevando hasta tomar una decisión. Un día dije: "De aquí en adelante no voy a hacer nada que no me guste ni nada que yo piense que no va dentro del matrimonio".

Y si quieren saber qué cosas había dentro de mi matrimonio, en primer lugar, forzarme a tener relaciones cuando no quería, por donde no es normal, obligarme a hacerle relaciones sexuales a su parte privada para sentirse bien. Pero con frases para que me dieran ganas, porque yo para él era más fría que un bloque de hielo. Me buscaba, me decía que para que me pusiera caliente. Yo le decía que solo las cazuelas se calientan cuando se ponen al fuego. Un día hizo una cita con mi doctora para que supiera que yo tenía un problema. Le digo a la doctora: "Angelina, ¿estás bien?"; Y tú no vas a morir.

Pues se enojó. Esa doctora también debía ser igual, para que no le gustaran los hombres. Bueno, así que nunca aceptó que tenía un problema. Es un hombre que tiene problemas sexuales y que así va a morir porque él no acepta que quiere todos los días, pero si no puede, le echa la culpa a la mujer. "¡Ay, qué suerte tengo que ninguna mujer es como yo la quiero! Todas las que me tocan son frías". Para que veas que tú tienes un problema. Esto solamente está en tu mente porque a mí me gustan los hombres cariñosos, no los que me critican. Además, yo pienso que cuando te tratan bien, cuando te tienen paciencia, que piensan como quieres, nomás pensar en el puro chile.

Es como un dicho que mi mamá decía: "El pan es dulce, pero fatiga o empalaga". Así me trataba él, no quería que correspondiera a todas sus porquerías. No sé, pero mujeres, mi consejo es que no se dejen convencer de esos hombres que, por retenerlos, hacen hasta lo que no va dentro de un matrimonio. No vale la pena, porque esos hombres son depravados mentales. Nosotras somos unas damas que con cariño y respeto por parte de nuestros esposos eso es lo que necesitamos para ser felices, no que nos traten como un trapo que no tiene valor. Se limpian y luego lo tiran. Yo me enfadé, me cansé, me desentendí y me rebelé. Después de 20 años, me cambiaron por otra, ojalá que esta sí sea caliente como una cazuela al fuego, para que sea feliz, que no creo, pero si así es, bueno, yo por lo menos no quiero más recordarlo en mi vida. Porque fue un canalla y un poco hombre. Por poco acaba con mi vida, me pisoteó.

Pero su propia decisión más desacertada fue lo más tonto que pudo hacer en su vida, porque no pensó en el daño que le hizo a su hija. Bueno, a nuestra hija, que ahora tiene 22 años y no quiere saber si vive o muere. Y habría sido tan fácil que se hubiera despedido o se fuera de la casa para estar con esa mujer de fuego. Que mi hijo ya había actuado que se fuera y yo también. Pero no que me quisiera tener de su mensa, fingiendo que no pasaba nada y que yo no me enterara de sus cosas, más que a mí, a su hija. Pero qué tonto fue que, por sus instintos machistas, pudo perder a su hija. Eso es tonto, ojalá que un día pueda leer este libro para que piense un poquito en el mal que le hizo a su hija.

UN SUEÑO HECHO REALIDAD

Nada lo detenía si no quería vivir como Dios manda. Se hubiera ido como se lo habían conseguido y como yo ya había hablado cuando peleábamos, porque parecía que él hablaba un idioma y yo otro. Nunca tuvimos acuerdo. Él decía que sí, yo decía que era una batalla. Un día me corrió de la casa y me fui a los lugares de refugio con 2 hijas y mi hijo Emanuel. Pero no podía tener a mi hijo Emanuel conmigo, porque él ya estaba grande. No sé cuántos años tenía, pero recuerdo que duré como un mes. Un primo de él me rentó un cuartillo. Mi hijo me decía: "Mamá, si usted quiere, regrese a casa con mi papá, porque yo no quiero que mi papá diga que por mi culpa usted lo dejó". Porque él había corrido a mi hijo de la casa, porque él decía que yo quería a Emanuel más que a los otros hijos.

Y hasta que si es cierto, tal vez sea cierto, porque si es cierto, mi hijo Emanuel ha sido para mí un milagro, porque él vino en circunstancias no muy buenas cuando yo estaba esperando a mi primer hijo. Pasaron muchas cosas y la verdad estaba muy confundida. Siempre me preguntaba por qué una persona sin deber nada a nadie pudo ser víctima de una mentira. Cuando me vine para los Estados Unidos, era muy inocente. Pensaba que solo las personas que habían hecho algo muy malo podían merecer que les pasaran cosas malas. Pero no fue así. Me topé con gente muy mala en mi camino. Fui víctima de una artimaña por parte de un primo político y el padre de Emanuel, mi hijo. Para empezar, él se presentó como mi primo, pero con el tiempo empezó a cortejarme y al final dijo: "Yo no soy tu primo. Tú no eres prima mía. Nosotros no somos parientes. Porque no soy hijo de mi papá. Yo soy hijo de mi mamá. Mi mamá engañó a mi papá y, por lo tanto, mi papá, con quien yo crecí, no es mi papá". Y mi tío era hermano de mi papá.

Cuando yo vivía en México, no conocí a la familia de parte de mi papá. Cuando me contó la historia y creí toda la historia de su vida que vivió, que su papá no lo quería y que lo corrió de la casa cuando él se vino para los Estados Unidos. Yo me tomé un tiempo para escribir una carta a la mamá de él, para preguntarle si era cierto. Le dije: "¿Es cierto que no es hijo de tu tío?", porque quería saber. Duró mucho tiempo, pero al final me contestó diciendo: "Mira, sí es cierto que no es hijo de tu tío, pero tu papá y tu tío son hermanos". Yo sabía que ellos eran hermanos, pero lo que me importaba era que no fuéramos primos. Yo estaba enamorada con sus mentiras y atenciones. Era la persona que me llevaba a las fiestas, a los mandados, porque no tenía un carro, no sabía manejar y siempre estaba bien constante y a tiempo para todo.

Al fin se llegó el día que nos íbamos a casar por la Iglesia, y el padre no quiso casarnos porque un pariente de esa familia, primo de mi papá, le dijo al padre que nosotros éramos primos. Yo ya estaba confundida, no sabía quién tenía la verdad. Mi supuesta tía, que me había mandado la carta, o los que decían que no era cierto. Si era un secreto, pues yo no tenía la culpa en ese caso. La persona era mi tía, mamá de Norberto Suárez, ese es el nombre del padre de mi hijo. A pesar de todo, mi hijo es un hombre bueno, no se parece a su padre.

El 2 de agosto de 2020, fui a la iglesia como si nada. Al principio me sentía triste, lloré y después felicité a un hermano que cantó una canción que admiro mucho. Es muy guapo, su nombre es Jesús Eduardo. Pues, el hermano está solo, pero parece que está acostumbrado a la soledad. Yo pienso que porque hay muchas personas solas, hombres y mujeres, porque si Dios no hizo al hombre para que esté solo. Yo hasta ahora no puedo hacerme la idea de quedarme sola, solo Dios me dará la respuesta. Yo le pido a mi Dios que Él sabe cómo me pasó, quiero servirle a Dios y serle fiel en todo, por eso quiero que siempre esté conmigo.

Hoy fui al parque con mis hijos y mis nietos, pero estaba haciendo mucho viento y Tony se golpeó sus dedos del pie y a mí me dolió la cabeza. No tenía deseos de salir, pero mi hijo Emanuel vino por mí y Tony me trajo a casa. Extraño a mis hijas que están lejos, pero así es esta vida que no tengo lo que más quiero conmigo. Pero solo Dios sabe que siempre quisiera una casa grande para juntarnos todos, todos juntos. Hasta ahora, todavía tengo esperanza, un día, y sin esperarlos, las mansiones de los cielos que Dios tiene prometidos para todos los que amen su venida.

Hoy hay una propuesta que me hizo mi amigo que me junte con él, pero yo le dije que no, que yo quiero un anillo de compromiso porque si no, yo no pienso que sea en serio. Yo quiero que una persona que quiero haga lo que yo quiero, pero no más juntarnos, no porque Dios no quiere. Yo no lo haría. Si no hay casamiento, es que no está pensando con compromiso. Dios, ayúdame para pensar como Tú quieras, como a ti te guste. Por favor, ayúdame a salir adelante, no me dejes caer en pensamientos que no te agradan. Ayúdame.

El 28 de marzo tuve un sueño. En el sueño, soñé que un primo de mi esposo se casaba conmigo y que me arreglaba una mesa muy bonita. Me sentía como una reina y soñé con cosas ricas y finas. Pero yo no me casaría con un pariente de mi esposo, porque no quiero recuerdos de nada. Yo no sé cómo puedo soñar, aunque sé que no tiene parecido ni su apellido. No lo haría porque yo no tengo contacto con esa gente. Aunque no me meto nada, no sé, no tengo ganas de saber o que me recuerde del pasado. Para mí, es punto final. Lo único que tengo es a mi hija Irma, a la que quiero mucho, como a todos mis tres hijos. Además de mi hijo Emanuel y Antonio, está Perla Esmeralda y mi niña que tiene 22 años, pero es mi bebé, es muy bonita. Bueno, Perla también es muy bonita. Los hijos son muy guapos e inteligentes. Bueno, lo dejaré aquí porque mañana me espera un día duro en el trabajo, que solo Dios sabe cómo va a estar. Pero con la ayuda de Dios, podré un día más. Estoy segura de que Dios.

El 31 de marzo de 2020 oré y leí en un devocional que hay seis cosas que una persona puede hacer si quiere. Hoy, la voz del Espíritu Santo me habló:

1. Ten un tiempo regular de oración y comunión con Dios.
2. Ten cuidado con lo que escuchas, crea un ambiente propicio para oír a Dios.
3. Desea la voluntad de Dios más que la tuya.
4. Reconoce que Dios te guía paso a paso; con frecuencia, al principio no te muestra el plan completo.
5. Sé una persona agradecida.
6. Deja que la paz y la sabiduría te dirijan.

4 de mayo de 2020. Fui a visitar a mamá en Yakima y tuve un disgusto muy grande con mi hermana, hasta sentí que ya merito me pega, porque la mandé a llamar para que se diera cuenta de que mamá

no está bien que esté sola. Pues no gané nada, porque discutimos delante de mamá. Mamá tiene 93 años y dice que todavía puede, pero el Estado paga para que la cuide una persona, pero no va, no sé las razones. La mayoría de los días pasa sola, como si no tuviera hijos, pero sí tiene 4 hijas y un hijo. Él se siente que es el único, porque todas somos mujeres y el único hombre. Yo perdí los estribos porque él piensa que por ser hombre tiene la razón en todo, incluso en pegar sin tener razón. Mi padre también era así y Manuel piensa que puede mandar y uno obedecer. Bueno, no sé qué va a pasar con mamá. Llamé a la compañía para ver qué se puede hacer. Mamá está como una niña. No la culpo, mamá ha sufrido mucho con papá y con nosotros. Porque fue como un brazo, pero yo me acuerdo, 10 mujeres, 3 hombres y de los 3, uno sigue vivo. Por eso piensa que él tiene la razón, aunque no la tenga.

Hoy mismo mamá tiene problemas porque está descuidada, pero él vive más cerca y no está al cuidado de mamá. Mamá lo tiene como la única persona que quiere que le den razón en todo. Bueno, no culpo tanto a mamá porque mamá es muy grande de edad, aproximadamente tiene 93 años.

Para acabar, ayer, 13 de abril de 2020, me corrieron del trabajo injustamente. Todo pasó cuando me decidí a hacer un reporte de maltrato a los trabajadores y negligencia a los ancianos residentes que viven en un asilo. A mí no me parece el trato que les dan, tanto a los que trabajan en ese lugar. Yo duré 2 meses y medio y me di cuenta de cómo están pasándola, especialmente las personas hispanas que hacen la limpieza, que nadie quiere hacer. Solamente las personas que no sabemos hacer más trabajos son los que nadie quiere hacer. Y si uno dice algo, como en mi caso, acaban corriéndote. Eso es lo que me pasó hoy, fui corrida porque reporté el peligro que hay en ese lugar. No tienen cuidado de las personas ancianas, que no pueden reclamar sus derechos. En ese corto tiempo, pude ver muchas negligencias y yo hice un reporte. Me costó mi trabajo, pero no me importa, porque sé que fue cosa de Dios para que viera lo que pasaba. Porque yo ya sabía qué pasaba así, porque mi hija Perla cuando recibió su licencia de enfermera fue a trabajar en Hermiston. Ella me contaba cómo les daban muchos pacientes y no alcanzaban a atenderlos a todos. Pero los más ancianos, los dejaban atrás, sin atenderlos. Desde que supe que eso pasaba, aconsejé a mi hija que reportara, pero ella me dijo que no, que apenas estaba empezando su carrera y le quitarían su licencia. Así pasa todo el tiempo, sin reportar por miedo. Pero yo no tengo licencia ni miedo, porque no estudié, pero yo soy una persona que no me gustan las injusticias y yo las he vivido y visto. Aunque estoy vieja, quiero hacer algo en mi vida, aunque sea lo último que haga. Estoy escribiendo este libro para expresar lo que guardo dentro de mi corazón. Estoy sin empleo y no estoy preocupada porque sé que Dios me ayudará con algo bueno. Dios tendrá para mí cosas buenas, solo tengo que esperar lo que Dios tiene para mí.

En mi mente están muchos pensamientos. Ayer fuimos a caminar con mi hijo Antonio y mi hija Irma, mis nietas y mi nieto, y mi nuera. Fuimos a caminar, pero mi hijo Manuel no vino. Parece que están sentidos por algo con mi hija Irma, pues no sé. Tengo hijos un poco celosos. Son errores de mi vida. Tal vez es mi culpa por tener hijos de diferentes padres. Ahí comprendo que yo buscaba cariño, pero caía en manos de hombres que no servían para nada. Lo más bueno son mis hijos. Han pasado 22 años, pero aún me duele ser tan tonta. Me duele no haberlo sabido antes, que a veces no existe el amor, y si existe, no es para todas las personas. O que el precio que pagas por estar con un hombre bueno es alto.

Hasta me duele decir, hombres son burros, no entienden, solo piensan como los animales. Bueno, perdón por los que son hombres, si hay alguno, pero he pensado que no hay, solo existe la conveniencia. Hoy que estoy encerrada por el coronavirus tengo tiempo para pensar más y escribir mi libro, a ver si puedo acabarlo antes de que me muera. Estoy sola, pero no sé qué es mejor, vivir sola que mal acompañado, así dice un viejo refrán. Aunque tengo cinco nietos, me siento sola y no tengo trabajo. El 4 de abril de 2020 fue el último día de estar trabajando con mucha presión del trabajo y de los patrones que usan a los trabajadores como ellos quieren. No les importa el bienestar de las personas, solo les importa el dinero.

Pero yo me propuse no más maltrato, injusticias. Ahí mismo estoy tratando de averiguar quién quiere ayudarme para poner una demanda por abuso y maltrato a los trabajadores, porque por reportar fui despedida del trabajo. Yo estaba trabajando en un asilo de ancianos, pero no duré mucho, más o menos unos 2 meses y medio. Empecé a ver cosas que no me parecían bien y llegué a preguntarle a Dios por qué fui a este lugar si yo no estaba preparada para trabajar en ese lugar. Porque en primer lugar no me gusta ver cómo viven las personas ancianas, porque me parece que no los tratan bien. Pero yo lo tenía que comprobar por mi propio pellejo. Así fue. En esa compañía ya sabía por mi hija que a las personas no las trataban bien, porque mi hija trabajó para esa misma compañía en Hermiston, Oregón, y ella llegó a decirme que nunca más me dejaré hacer daño ni me sentiré que no valgo nada. Así pensaba, que me miraban como que era muy tonta, que no sabía hacer nada más que lavar baños y hacer camas, aunque estaba muy pesado el trabajo. Pero no me vencían hasta que un día leí un texto que está en Isaías 32, 27: "He aquí que yo soy Jehová, Dios de toda carne; ¿habrá algo que sea difícil para mí?". Ese texto me dio ánimo para bañarme e irme a trabajar.

Pasaron dos a tres semanas y para mí fueron muy largas. Un día me dijo una compañera, ella trabajaba en el segundo piso y yo en el tercero. Fue un lunes y yo no pensé nada de lo que me dijo. Pero así fue lo que ella me dijo: "Angelina, ten mucho cuidado en el tercer piso, en el cuarto 336 te tocará hacerlo el jueves, ten mucho cuidado". Me latió que trajeron a ese hombre que vino de un lugar que su hija lo sacó porque andaba lejos del coronavirus, y como había cuartos desocupados, lo recibieron. Pero yo no pensé hasta que llegué a casa y pensé que traerán de cierto. Era miércoles y se estaba acercando el jueves. Y lo pensé, le preguntaré a Sofía, así se llama la otra mujer que trabaja conmigo. Ella es la que me entrenó por dos semanas, pero no me sirvió el entrenamiento. Aunque para mí fue muy difícil porque me decía "No esto, no lo otro", porque te regañan o te corren. Hasta que desperté, porque parecía que estaba dormida. Le dije "Déjame hacer el trabajo, porque lo que me dices no me está ayudando". Después me dejó sola. Pasaba con la del primer piso y yo empecé a hacer todas las camas, hasta que no podía más. Hablé con el mayordomo que hablaba español. Le dije "Es mucho para mí hacer todas las camas". Me dijo "Pues Sofía no puede, porque Carmen renunció al trabajo". Carmen fue la persona que me dijo que tuviera mucho cuidado por el hombre que estaba en el piso 3 y ella pensaba que tenía el coronavirus. Ese mismo día, a las pocas horas que yo me disponía a entrar al cuarto 336, me dijo Sofía: "Vamos a entrar las dos". Yo le dije: "Entremos, tú tienes más experiencia, entra tú". Y se hizo una corta junta entre los cinco de nosotros, la administradora, el intérprete que trabaja de mantenimiento y dice todo lo que la administradora dice en la junta. Yo dije que yo iba a interpretar lo que pudiera. Empecé a entender la manera de hablar del residente del cuarto 336. Les dije que se le hiciera la prueba del coronavirus y salió negativa. Dijo Olivia: "Hágansela otra vez". Yo dije que no, porque ya se la habían hecho, pero si quieren irse para su casa, pueden ir, pero no está comprobado que se les pagará. Yo dije que tengo 61 años de edad y por necesidad vine a trabajar, pero sean sinceros con nosotras. En mi opinión, no hubiera recibido a esa persona porque ponen en peligro a todos los que estamos aquí.

Desde allí, no vi ni una cosa buena para quedarme, pero por alguna razón no dejé el trabajo, hasta le pedía a Dios que me enfermara, aunque fuera de una gripe. Pero todos los días me tomaban la temperatura y estaba bien. Hasta que un día vi que uno de los residentes, un señor, estaba con una bolsa de orines en el piso, con los pantalones sin cerrar, como que no terminaron de vestirlo, y allí quedó por ratos, y no vinieron a atenderlo. Yo no podía hacer la cama, terminé de lavar el baño y me fui. Yo llegaba a las 8 y empezaba y me encontraba residentes que me decían que no habían recibido desayuno, y la gente estaba desesperada, muchas quejas, que me pegó un ataque de pánico. Como mi amiga Carmen, ella fue la que se dio cuenta de que habían traído a una persona al lugar en donde nosotras trabajábamos. Yo fui la que dijo que no podía ser cierto, porque arriesgaban a todas las personas que viven allí y a nosotras, las que trabajamos en ese lugar. Yo tenía mucho estrés trabajando allí, por necesidad, apenas había pagado la renta y no tenía trabajo. Por eso estaba trabajando. Hoy lleva un mes desde que fui despedida del trabajo, por hacer un reporte sobre el maltrato a los residentes y a los trabajadores. Hasta ahora no he encontrado quién me ayude. Pero mis esperanzas no están perdidas. Yo le creo a Dios, que él llevará el caso. Yo espero en Dios, porque para Él no hay caso perdido. Esto lo sé y con calma, todo a su tiempo.

Tengo muchas cosas por hacer, una más importante es dar a conocer a Cristo Jesús a las personas que no lo conocen, aunque siento que es un poco tarde porque el tiempo es poco. Pero tengo muchos deseos de hacer la voluntad de Dios antes de que le diga adiós a los seres que más amo: mis dos hijos, dos hijas, cinco nietos, mi cebollita, mi muchacha grande de ojos bonitos, mi cachetón y chiquito, y mi nieta grande que es muy inteligente, toca piano y hace magia, y no quiere que juegue con uñas. Todavía hay muchas cosas por hacer. Dios, ilumina mi mente para continuar. Tengo que ser paciente, eso es parte de esto. Todos mis planes tienen un propósito. Cuando lean este libro, sepan que todo se puede hacer en esta vida. Si pasó en mi vida, puede pasar con ustedes con la ayuda de Dios, que es el que da la fuerza cada día para continuar con un propósito en tu vida, porque la vida sin un propósito está muerta. Así que busca uno en tu vida, es tiempo, porque la vida es corta y no hay mañana. No dejes pasar el tiempo, ora a Dios para que te acerques a Él, arrepiéntete de tus malos caminos. Para Dios no hay nada imposible, dice Jeremías 32, 27: "¿Habrá algo imposible para mí? No para Dios, no hay nada imposible". A veces soy atacada por el enemigo de las almas que no quiere dejarme en paz, pero en el nombre de Jesús, lo reprendo. Pero es un mal que sufriremos porque no estamos sometidos a Dios, porque Él promete que nos dará la salida a todo aquel que se someta a Dios.

Estoy triste porque estoy sola. A veces me pregunto hasta cuándo. Creo que siento que no voy a creer en el amor otra vez, pero no quiero estar sola por el resto de mi vida. Sé que hay hombres que todavía se fijan en mí, pero yo soy la que no cree en el amor. Aunque mi amigo Salvador cree que podríamos hacer buena pareja, él y yo. A ver qué pasa. Por lo tanto, salimos a caminar, comemos juntos. Hasta ahora, somos muy buenos amigos. Solo él me llama o le llamo cuando estoy triste y siempre está para mí. A pesar de que vive en Hermiston. Llevamos varios meses que nos conocemos. Hasta ahora está muy bien, porque a veces tengo necesidad de que me digan una palabra de ánimo, esperanza, para no sentirme tan sola y no pensar que llevaré 61 años y no me conformaré pasar el resto yo sola. Siento que no puedo, quiero encontrar al que por lo menos me quiera y me diga cosas bonitas que mejoren lo que soy. Porque yo tengo muchas cosas buenas y sé hacer cosas buenas como dar cariño a quien me dé cariño, prepararle sus cosas que le gusten con amor y con esperanza.

El que lea este libro conocerá que una de las razones más grandes es la soledad. Yo no puedo comprender por qué hay tanta gente sola, hombres y mujeres. Solo porque no se conforman con lo que tienen. Si tienen un hombre, buscan otro. Si tienen una mujer, buscan otra, y no están a gusto, como Dios manda. Este mundo está por terminar, no se espera nada bueno. Mucho dolor y mucha tragedia en estos días. La maldad se ha aumentado porque el amor de la humanidad se ha acabado. Yo descubrí que la palabra de Dios dice que el divorcio no se debe dar, que es mejor que se reconcilie con su pareja. Pero lo mío es imposible, porque hay mucho dolor y tristeza. Por ejemplo, cuando yo recuerdo cómo pasó todo, me da mucho coraje y pienso que soy una tonta al pensar que podría haber una plática. Cuando yo sé que es imposible, porque siento que me dan ganas de llorar. Pero porque soy una tonta. Yo no entiendo el mundo, no entiendo nada. Estoy muy triste, quisiera cambiar el rumbo de las cosas, pero es demasiado tarde. Yo no comprendo cómo eché a perder mi vida, cómo fui tan tonta que pude creer en sus trampas de hombre bueno, sufrido y bondadoso.

Qué tonta, mil veces tonta. Porque yo hoy me doy cuenta de saber si a ser hoy es muy feliz, pero no creo, porque está enfermo. Y lo peor es que no se da cuenta, porque siempre le he echado la culpa a los demás. Parece que lo estoy escuchando, sus palabras: "Es que tú eres eso o aquello", etc. Tantas cosas que me acuerdo de que estoy luchando por olvidar. A veces quisiera detener el tiempo o volver a empezar para no hacer cosas. A pesar de todo, fueron cosas bonitas, pero que me trajeron mucho en qué pensar en mi vida. Que Dios, por su gracia inmerecida, porque caminado poco a poco, todavía me da tristeza cuando lo veo por casualidad. Me siento agraviada en contra de él. A veces he pensado que estoy enferma, porque no he podido superarlo. Quisiera ser como otras personas que me dicen "Yo no siento nada" o "Soy amigo o amiga". A veces callo por no decir unas cosas que pasan por mi mente, pero ha pasado mucho tiempo para que todavía me lastime. No he podido superar esto, que es más fuerte que yo y no halla la forma de superarlo. Han pasado 5 años de mi matrimonio y todavía me pregunto por qué no pudo ser de otra forma. ¿Para qué tantas promesas? ¿Por qué tanto engaño? Y hoy mismo traer todo dolor a nuestras vidas y cómo vivir con eso tan feo en tu cabeza. Quisiera tomarme una medicina eficaz para cambiar mi mente. Yo sé que Dios tiene poder, un día pasará, pero hoy todavía tengo que vivir con esperanzas de que pasará. Tengo que pensar así, si no siento que así es muy feo vivir. No es vida, ¿no es verdad? Tengo muchas preguntas que hacerle a la vida, pero la vida no responde. Solo Dios es el que contesta todas tus dudas. Pero para que eso pase, tengo que ser paciente y orar más con intensidad, y ser humilde, aceptar que sin la sabiduría de Dios, no soy digna. Que Dios tenga tantas atenciones conmigo y mi familia hasta hoy. Siempre es grande el poder de Dios. Yo sé que lo he conocido desde que era niña, pero lo bueno es que aún lo conozco. Creo en sus promesas que tiene para con nosotros. Solo un día seré más obediente a su ley, no viviré lejos de su presencia. Dios transforma nuestro corazón, alma, mente y corazón de los que en él confían. Solo tienes que creer que él es el dueño de todo, de ti.

6-24-2020. Hoy estoy adolorida de mi mano izquierda y mi rodilla derecha, y estoy adolorida en todo el cuerpo. Son las 11 de la noche y todavía no tengo sueño, por eso estoy escribiendo, pero mis ojos están secos por no dormir. Así que espero en Dios que mañana esté bien. Cada día es una página en blanco para escribir otra historia. Mañana será un día nuevo, si no es para mí, será para los que tenemos el privilegio de amanecer un día más. Eso es lo que todos esperamos, días nuevos. Nada sé de mi futuro, desconozco lo que habrá. Solo un amigo tengo, que mi mano sanará. Dios, quisiera saber qué hacer, por favor guíame, transfórmame. Quiero estar pegadita a ti, Dios, concédeme, por tu gracia, que yo pueda trabajar para ti, porque siento que no hago lo que tú quieres en mi vida. Hago lo que tú no me has mandado. Quiero obedecerte, cámbiame, purifícame por tu misericordia.

UN SUEÑO HECHO REALIDAD

A veces no tengo deseos de salir a caminar, estuve en casa. Quisiera un trabajo unas cuantas horas, pero a veces tengo miedo por el coronavirus, no se termina. Supe que mi hermano está enfermo de esa enfermedad, que pega muy feo. Dios permita que pronto esté mejor. En el mundo hay mucho dolor, muchas enfermedades, pero Dios promete estar con nosotros, y si Dios lo promete, lo cumple. A Dios doy gracias por las fuerzas que me da cada día, porque a veces pienso que con mi esfuerzo no puedo salir. Sé que puedo ver que tengo salud y familia, pero no dejo de pensar cómo puedo olvidar esta traición de este hombre que no quiero mencionar su nombre. Quisiera pensar diferente y que esto quede en el olvido, pero no puedo. Cada cosa que hago luego pienso que es una maldición, pero espero que un día sea solo un mal sueño que pasó y se olvidó.

Al pensar cómo fue que ocurrió y cómo se atravesó en mi vida, me digo "No puedo creer tanto engaño de una persona, que decía que quería tener una hija y que la quería mucho". Todo era mentira, amor de petate, una llamarada falsa. Como no conozco otro más falso, pero con todo el cuerpo, no solo la mano. Solo espero que viva muy feliz, aunque no lo creo, porque está enfermo de la mente. Porque solo alguien que hace eso no se ama a sí mismo. Por eso no puede amar a nadie. Ahí comprendí que el que no tiene amor, no puede amar a los demás. Pide amor, pero no da amor. Y Dios dice que el que no ama no le conoce, porque Dios es amor. Tanto tiempo de conocerle y no tener amor. Es por eso que no le conocemos. Qué lástima que en vez de caminar, gatear decía mi mamá. Es mejor caminar que gatear. Bueno, hay que pensar que sí quiso pero no pudo. Tal vez un día lo cambiará, veremos. Digo un sí y nunca vi un bueno.

Estoy pensando negativo, hay que pensar positivo. Dios puede cambiar corazones de piedra, hasta huesos de muerto puede dar vida. Él dice que vino para que tengamos vida y la tengamos en abundancia (Juan 10, 10). Acerquémonos al que tiene vida. Es muy triste no creer que no tenemos esperanzas. Es como el que no cree que existe Dios, sin Él morimos, como un animal. Porque así vivimos, como el animal, sin freno, yendo por caminos equivocados. Así pasamos toda nuestra vida sin un propósito. Yo quisiera haber comenzado mi vida sin haber cometido tantos errores. A veces he pensado que por cometer tanta tontería no tengo felicidad. Estoy condenada a pasar el resto de mis días sola. No porque no encuentre los hombres que he encontrado, uno no está divorciado, dice que tiene 5 años de separado, pero que nunca se divorció. Él me propone juntarnos, pero yo no quiero, va en contra de mis principios. Y luego no me gustan unas cosas y él piensa muy diferente. Pienso que no estaría bien, pero lo pensaré. Hay otro hombre que está interesado, pero no me gusta, pero pienso "No quiero pasar mis días sola". A veces he pensado que si yo no fuera tan especial, ya no estaría sola. Pero no pido a Dios que me permita cometer más equivocaciones. No tengo suerte o no sé, pero yo solo sé que no me gusta mi vida. No he encontrado la felicidad en mi camino. Pero no me doy por vencida. Tengo todavía esperanzas de que pronto pueda tomar una decisión. Respeto mi vida de soltera. Estoy pensando muy en serio, veremos. Pero de lo que estoy segura es que nunca seré abusada, ni física ni mentalmente, por un hombre. Bueno, no por un hombre, sino por una bestia, porque por un hombre no sería abusada, porque solo los animales no tienen sentido y no temen a Dios.

Pero los hombres brutos son como las bestias, tienen cerebro de papa que no piensan que lastiman, pero yo, antes muerta que ser Lichita, aunque soy muy vieja, pero comprendí que no vale la pena aguantar tanto por una persona que no vale la pena. Como quisiera volver a nacer otra vez y tener el conocimiento que tengo hoy para no cometer tantos errores en mi vida. Yo no quiero echarles la culpa a mis padres, pero siento que sí fue por tener tantas hijas sin estudio y sin Dios, crece uno como animalito y luego se convierte en animal y buscas el amor y te encuentras puros animales en tu camino y piensas que es amor, pero es abuso de confianza, tonterías sin sentido.

El amor no existe, o al menos para mí no existe, solo el amor de Dios es puro y sincero, pero de un ser humano como es trabajoso controlarlo. Si me das, te doy, y si no, te doy nada; ese no es amor, pero es el amor que tienen solo los seres humanos. Dios es bueno con nosotros, Él es amor, aunque nosotros nos portemos mal, Dios nos sigue amando. Qué lindo es saber que soy amada por Dios, gracias. Yo me siento sola cuando se van mis hijos, pero más sola me sentiría si no supiera que no estoy sola, Dios está conmigo, Él prometió que no estaríamos solos. Hay muchas bendiciones si ustedes leen la santa palabra de Dios. Yo por mucho tiempo no le entendí, ahí estoy contenta por mi hija, porque después de tener un accidente en su carro, gracias a Dios no hubo ni un problema.

A pesar de que no tenía aseguranza, su carro estaba a mi nombre, pero gracias a Dios, menos de un mes después, ya tiene su carro nuevo. Yo pienso que mi hija es muy afortunado de tener un ángel que la cuide de peligros. Dios, gracias por cuidar a mi hija. Hoy es su cumpleaños y parece que fue ayer cuando salí del hospital. Tenía tanta hambre que se puso los dedos de su mano en la boca porque era muy comelona. Es que por nueve meses yo no podía comer, y ella nació con hambre atrasada. Y mi hija, cuando acabe de estudiar, casi no puedo esperar cuando llegue ese día, será muy grande. Después de mucho trabajo, uno mismo está esperando que mi hija esté conmigo.

Así Dios me permite si me encuentro un buen hombre que me valore, entonces pensaré en apartarme de mis hijos y formar un hogar como Dios manda. Pero si Dios tiene alguien para mí, no me doy por vencida, aunque hoy tengo 62 años. Pero hay 20 años que me hablan de acompañarnos, pero hasta ahora no me dan señas que no quiero ver. Que yo sigo esperando, a ver cuándo me animo. La verdad no sé lo que quiero. A veces pienso quedarme sola por no encontrarme con quien me controle: "¿A dónde vas? ¿Qué hiciste hoy? Hasta que comiste, no me esperaste", como sola, si me quedé traumada por soportar tantos años que yo pensaba que iba a cambiar, pero no cambió.

Bueno, no vale la pena pensar porque hoy pienso que no merece nada de mí. Un pensamiento es poco para gastarlo en algo que no vale la pena recordar. Dios le perdone el daño que nos hizo a mí y a mi hija. Hoy mismo, ella nunca lo menciona, se perdió de un cariño bonito, limpio. Él lo mató, eso tenía mi hija para su papá. Hoy no quiero saber nada, porque por unos pantalones sucios, apretados, se fue liso. No pensó que iba a perder a su hija que tanto quería. ¡Qué cobarde! Mejor hubiera tenido los suficientes para hablar conmigo o se hubiera largado. Tanto tiempo diciendo: "Me voy, me largo, el divorcio". Hasta que Satán se lo llevó y así acabó esta historia, mal,

mal, muy mal, por tonterías mal pensadas. Solo espero que un día se arrepienta, no quiero saber cómo acabe este cuento. Tan mal.

Pero Dios quiere que yo perdone y yo quiero perdonar a Ismael por el daño que nos causó y porque yo también pido perdón para mí. Así que Dios tenga gracia y misericordia para cada uno de nosotros y alcancemos el perdón. Y yo, de mi parte, sigo adelante, a ver qué Dios tiene preparado para mi vida de aquí en adelante, con mis hijos y mis 5 nietos. ¿Qué más puedo pedir? Que Dios los bendiga y que nunca se aparte de Dios para podernos ver en el cielo cuando partamos de esta tierra. Así, un mundo mejor, donde Dios promete no más lágrimas, muerte, dolor, ira, será una nueva, todas las cosas. Así, cuando todo esto pase, viviremos para siempre. Hoy mismo, estoy pensando que mañana, si Dios me permite, voy a la cama. Quiero dormirme, pero no tengo sueño. Por eso, estoy escribiendo. No quise platicar con mi amigo Salvador para que no se fuera el sueño, pero otra vez, no tengo sueño.

Le comentaba que anoche no dormí bien, me dice que es porque estoy solita. Sí, tal vez, pero no me decido a que me haga compañía por razones que todavía guardo en mi corazón. Tengo que esperar. Si es cierto que en mis noches sola quisiera tener compañía porque yo no puedo hacerme la idea de estar sola. Cuánto anhelo un compañero, pero hasta ahora no me decido. A veces pienso quedarme sola, pero no sé, necesito a alguien. Puedo ir a visitar a mis hijos, pero cuando me voy, me siento sola. A veces tengo ganas de llorar. Mi hija Irma me mandó un video muy bonito de un devocional que está leyendo. Es bueno que mi hija esté leyendo cosas buenas, me da mucho gusto. Dios bendiga a mis hijos. Bueno, voy a tratar de dormirme. No quiero saber la hora, pero sé que debería estar dormida.

Hace muchos años cometí muchas tonterías, pero hoy gracias a Dios, no puedo dar mal ejemplo y porque tengo temor a Dios. Así que Angelina no puede volver atrás. Yo no soy la misma. Yo creo que por causa de la edad de 13 a 26 viví como un animal. Sé que suena feo, pero cuando tú vives sin Dios y sin freno, eres como un mulo bruto. Solo el conocimiento que te da la escritura te hace libre para pensar lo malo y lo bueno. Así fue mi vida, todo era una manera de vivir sin sentido, solo vivir por vivir. Pero fui amante de la música romántica, soñadora de ser amada. Pero hasta hoy, sueño y creo que voy a morir soñando, porque si no sueño, moriría. Por eso, hasta hoy, a los 62 años, todavía sueño. Siempre cuando estoy sola, pero siempre sé que solo el amor de Dios es sincero, porque el ser humano es muy interesado. Pero eso voy a morir pensando.

Por causas del azar de la vida, el amor no solo es vida sino también muy triste, al menos para mí. Como traté, pero todas las veces no logré nada de lo que creía, anhelaba u había planeado. Pero hoy pido a Dios que me haga fuerte para no ser igual que antes, sin sentido, buscando ser amada y amar, pero solo fracasé. Hoy sí, pero otra vez no era cierto. ¿Qué pasa? ¿Por qué? Pero muy responsable crie a mis cuatro hijos, dos varones y dos lindas mujercitas. Hoy son adultos y yo sola, pero con esperanzas. No sé, no sé por qué no quiero recordar, da lo mismo, ya no se puede hacer nada, no vale la pena como para que yo todavía esté perdiendo mi tiempo en cosas vanas.

Pienso que el tiempo es corto, espero que Dios añada años a mi vida para terminar todo lo que quiero. A veces pienso que el tiempo es corto, pero estoy aquí, no me doy por vencida. A veces estoy con esperanzas y a veces tengo mucho por hacer, y se me hace poco el tiempo, aunque menos lo es. Hoy vinieron mis hijos a visitarme y hoy fue un día feliz porque tuve a mi hijo Tony, mis tres nietos y mis dos gorditas muy traviesas, pero las quiero mucho. Apenas se fueron, hablé con mi hijo, y me dijo que estaba orgullosa de tener una mamá como yo, aunque no tuvieron padre. Pero mamá sí estuvo dispuesta a cobijar a mis hijos. Hasta hoy, lo que puedo hacer, siempre es amor por ellos, tengo para ellos y yo también estoy muy orgullosa de mis hijos.

Doy gracias a Dios por mis hijos, son buenos y espero que Dios los perfeccione hasta que lleguen al final. Hoy estoy contenta por ellos, por los que están casados y por mi hija la chiquita, que no está casada por hoy, pero muy pronto, encontrará el hombre bueno que Dios tiene para ella en su debido tiempo. Está estudiando y tiene otros planes, así que está ocupada. Dios la cuide mucho y estaré esperando a ver qué tiene Dios para mí desde hoy. Pensaré positivo, nada de negatividad. Todo lo que venga será para bien, y yo voy a empezar así. Que Dios siempre me ayude a pensar positivo, porque digo que solo Dios tiene la última palabra. ¡Basta! Nunca es tarde para empezar de nuevo, mirando lo bueno que Dios tiene para cada uno de nosotros, que a veces no podemos ver porque tenemos pensamientos tan negativos que no podemos creer que Dios tiene algo mejor para nosotros.

Porque tanto hemos sufrido que parece que estamos destinados a sufrir. Hace poco, yo estaba leyendo un libro que se llama *El poder de la mente*, y me pegó porque decía cosas como las que me pasaron a mí. Lloré mucho mientras lo leía, hasta que terminé de leer el capítulo y pedí a Dios ayuda para vencer toda esa negatividad. Porque es el diablo que no quiere que yo tenga paz. Muchas veces me pone en mi mente puras cosas negativas, pero dije basta. No más. Desde hoy, pensaré positivo, y con la ayuda de Dios venceré. Yo soy hija de Dios, no porque sea buena, porque uno solo es bueno, solo Dios, Él solo es bueno, y lo ha sido conmigo, mira mi hijo mayor hoy cumple 33 años. Porque Dios, siendo bueno conmigo, permitió nacer a mi hijo Emanuel David Suárez, este es el nombre de mi hijo. Y por si fuera poco, a los 6 años permitió nacer a una niña muy linda que cumple años el mismo mes y día que mi hijo. Así que hoy, 25 de octubre, es un día muy especial para mí. Recordando juntos los cumpleaños de dos de mis hijos. Bueno, estuvieron dos hijos, dos de mis nueras, cinco nietos. Comimos y salimos a caminar un poco. Hacía un poco de frío, pero fue un día feliz. Todos me dieron muchas gracias porque estuvo buena la comida. Así que no tengo con qué pagar a Dios por tantas bendiciones. Yo soy muy afortunada de tener unos buenos hijos. Gracias a Dios por mis hijos. Bendito sea por los siglos. Amén.

Yo no sé cuánto tiempo voy a durar en este mundo, pero mientras viva, daré gracias a Dios por cuatro hijos, y espero ver graduarse a mi hija chiquita. Espero con ansias que llegue el día para estar tranquila. Por la gracia de Dios pronto llegará ese día tan esperado. Es mi preocupación, mi chiquita. Yo sé que mi hija tiene muchos ángeles que Dios permite que la protejan. Porque yo lo he visto, no porque mi hija sea muy especial para mí. Digo esto es verdad, todos mis hijos son muy especiales para mí y para Dios. Yo no comprendía cómo de una persona tan mala podían salir personas tan distintas y diferentes. Pues sí, mis hijos no tienen nada que ver, como dice mi hija Perlita, nada que ver. Los días que yo viva en este mundo serán poco para agradecer a Dios por mis hijos y también por mis nietos. Abuela mana, como algunos de ellos me llaman, como ellos quieran nombrarme, está bien. Lo sé, soy su abuela y estoy muy contenta de serlo. A veces he pensado en cómo ha pasado tanto tiempo y yo no soñé con esto: ver a mis hijos casados y con hijos propios. Solo los veía cuando les daba de comer, venían de la escuela, o cuando los tuve que llevar a una señora que los cuidaba mientras yo estaba trabajando.

Como yo sola los saqué adelante porque mi compañero, cuando tuve, no parecía como los trataba y si no era como quería, mejor no me ayudaba. Cómo batallé con ese problema, bueno, qué digo, ese problema, tantos problemas que casi me cuestan mi vida entera. Pero aquí quiero pensar que estoy viva, que no logró lo que se proponía. Por poco lo logra, pero ya estoy bien. Dice un dicho que no hay mal que dure cien años ni quien los aguante, así que yo estoy muy bien. Solo espero que él también, porque después de perder el amor de su vida, salió que ya no me quería como antes.

Daba su vida por la mía, pero fue amor de petate, se acabó, fueron mentiras. Ese hombre no se quiere ni solo, está enfermo. Ojalá que un día pueda darse cuenta de que está mal de su cabeza o que tiene algo, pero no es normal que le dure la cabeza tanto. Pero no importa lo que pasó, solo no hay que echarle buena tierra a lo podrido. Ya está fuera de mi vida y no puede hacerme daño.

Hay algo bueno que me quedó, mi hija, que me dice que soy la mamá más buena del mundo porque le faltó padre, pero madre no, bueno, hasta que suenas las cosas, las puedes creer. Tantas veces que la miraba, pero por mi mente no podía creer lo que me hacía y me decía. Hasta que pasó lo peor, pero fue muy tonto, porque podía haber hecho las cosas de otra manera por su hija, pero así pasó. Se buscó su propia hija, no quiere saber de él y hasta toda su familia. Pues así es como decía él, una frase: "lo que siembras, eso cosechas", lo repetía muchas veces. O que cada quien sierra con sus uñas, eran sus frases favoritas. Ahora estará contento porque él provocó todo esto. Bueno, quisiera poder pensar que no todo fue malo, pero en este caso, las cosas buenas están tapadas por todo lo malo. Fue el final. Solo Dios puede perdonarnos por el disgusto. Y bueno, para perdonarnos, si nos arrepentimos de todas las maldades que hemos hecho. Tantas tonterías, burradas, que de verdad, somos como el mulo, que necesita freno para conducirse bien en la vida, con respeto a los demás.

Qué bonito sería vivir sin temor a perder, pero no es así, vives con temor a perder un ser querido, a perder tu vida o a lo que pasará mañana. Pero lo peor es perder tu vida eterna. Vives en este mundo como eterno sin saber que puedes morir en un abrir o cerrar de ojos. Qué triste sería perder tu alma, que con tanto costo, nada más que la sangre de Jesús, que con tanto amor envió el Padre para salvar al pecador.

Serías muy ingrato para no creer que un día vamos a dar cuenta de cada cosa que hayamos hecho, buena o mala, en la vida. Dios toque tu corazón y el mío también. Mira, han pasado casi 4 años, pero estoy esperando encontrar una persona que me guste. Pero hasta ahora no me animo, porque los que me pretenden, por una u otra cosa, no me animo. Bueno, Dios sabe por qué, pero a veces quisiera no tener miedo.

Pienso que no valen la pena, como para perder el cariño de algunos de mis hijos, porque sé que algunos no piensan que yo me case de nuevo, por tercera vez. Sé que será feo, porque por tercera vez, pero así es. Antes era más mala mi vida, pero yo quise ser diferente y tengo el firme propósito de no volver a mi vida de antes. La verdad, mi vida era un desastre, pero Dios me ha perdonado, por eso no quiero volver atrás. Voy a seguir luchando hasta que lo pueda lograr, aunque sufra.

No voy a vencerme, con la ayuda de Dios, porque también, por lo que Ismael me decía, cuando él se me fuera, yo volvía al mundo, como si él hubiera pagado por mi salvación. Bueno, tengo mucho que agradecerle, pero a Dios, a menos que ni siquiera supo valorar mi amor por él. Fue peor que todos los perros, así llegó a decirme. Porque para él fueron muy malos los padres de mis hijos, pero para mí, él fue el más malo.

Me hizo mucho daño todos los años que vivimos juntos. Y vaya que fueron más de 20 años esperando un cambio que nunca llegó.

Fue lo peor, porque casi pierdo mi vida de rabia. Perdí mis mejores años con un hombre que no merecía. Eso fue lo peor que hice en mi vida, pero ya no hay más. Esto es punto final. Solo Dios sabe en qué acabe. Yo me muero más pronto o él, no sé por qué pienso eso, no sé qué pasa, lo sueño, pero a veces es muy malo lo que sueño de él, cosas malas.

Me pregunto por qué no quiero pensar ni bueno ni malo. Quisiera hacer lo que dicen las personas, que un clavo saca otro clavo, pero tengo temor a Dios, convertirme en una mala mujer. Tengo dos o tres pretendientes, pero no es eso lo que yo quiero. Así que estoy pensando qué hacer. Quiero acabar este libro que estoy escribiendo para que cuando esté listo, ver cuántas copias se venden para hacerme rica y famosa con mi historia.

Pero estas son historias verdaderas de una hija del famosísimo Antonio Suárez, porque mi padre era famoso en su vida, las personas que lo conocieron sabían quién era Antonio Suárez. Ah, mi padre cometió muchos errores, como muchas personas. Fue muy rudo con todas sus hijas y mamá, pero tenía muchas cualidades. Era respetuoso con la gente, a pesar de que él no sabía leer. Una persona de palabra para hacer un trato, le faltaban, porque sabían que pagaba. A ninguna persona le robó, su palabra valía más que su dinero, porque si él decía que lo hacía, era para cumplir su palabra. Aunque con mi madre no fue cumplido, porque no sé, pero desde que yo me acuerdo, mamá decía que lo pensaba abandonar. Hasta que llegó el día, pasó esa decisión. Yo no estaba con papá en casa cuando tenía 13 años. Le dije: "Llévame con mi tío David Suárez, hermano de mi papá", pero no era mi intención quedarme allí. No porque le dije, pero me llevó del Camalate a Cuitzeo, Michoacán. Es como 30 minutos en carro, pero no me llevó en carro. Me monté en una mula sin amansar y con una mula renca. Que si me caía, la otra mula hubiera parado hasta El Manguito, Michoacán, que es el lugar donde yo nací.

De veras que estoy viva porque Dios así lo ha permitido. He tenido muchas tragedias, fracasos, como dice la canción, cayendo y levantándome. En amores ni hablar, porque allí sí que nací estrellada, causando a quien no me ha amado, de las dientes para afuera. Y yo, una tonta necesitada de cariño o amor. No sé, pero parece que me propuse con piedras y guayales, cinco o más intentos. No sé, creo que ya perdí la cuenta. Cuando estaba joven y la vida no me importaba y no tenía temor a nada. Esa fue mi vida, así que quise cambiar, pero creo que cuando empiezas con el pie izquierdo, no es muy fácil cambiar, y menos cuando no tienes un apoyo. Y si tienes una responsabilidad, porque yo eso tenía, cuatro hijos, y luché por ellos para que no fueran como yo, a falta de padres. Madre sí había, aunque no fue lo que yo quería. Ni modo, Angelina, para que aprendas, quítate lo tarada, así me decía mi papá, pues así me decía yo misma. Bueno, eran más feas las palabras de mi padre, que no quiero repetirlas.

Yo creo que cuando los hijos no reciben amor ni educación, son como animalitos. Y cuando creces, eres como fiera salvaje, te vas a defender como dé lugar. Así estuve por casi la mitad de mi juventud. A veces era la víctima, a veces la abusadora, si se puede llamar así, porque el que me hacía algo, me cobraba como fuera. No le hacía que fuera a parar a la cárcel. Bueno, hablando de eso, parece que como tres o cuatro veces fui a ese lugar tan feo, y todo porque no tenía miedo de nada, y también, con tal de coraje, así hasta que pasó el tiempo. Bueno, hace un buen tiempo que no he estado en ese lugar, y por la gracia de Dios. Porque cuando pasó lo que Ismael me hizo, quería matarlo, y a esa mujer también. Pero qué bueno que Dios no lo permitió, porque tenía unos pensamientos que no eran buenos. Quizá que yo tenía temor a Dios, pero por mucho tiempo creí buscarlo y molerlo a golpes hasta saciar mi coraje, porque fue una cobardía lo que él hizo. Pero hoy han pasado cuatro años. Ahora siento tristeza a veces, pero doy gracias a Dios porque he podido asimilar un poco todo lo que pasé. Pero a veces trato de no recordar, pero todavía a veces lo sueño, pero no sueño bonito, sueño muy raros, feas; y le pregunto a Dios hasta cuándo. Pero yo debo esperar un día hacer un recuerdo que no voy a saber si soñé o qué. Sí fue cierto. Como decía mi mamá, no hay mal que dure cien años, ni quien aguante.

Ya estoy ganando la batalla. Gritar a Dios por eso. El tiempo todo lo borra, y todo eso será un mal sueño. Ahí tengo muchos planes, tengo muchas cosas por hacer. Así que tengo mucho por quien vivir. Así que entre tanto, yo mantengo las esperanzas en Dios. No importa cuántas cosas malas estén pasando, yo sigo confiando en Dios. Él tiene una salida para todo. Ayer recibí una noticia que me preocupó y dio mucho pesar, pero sé que Dios está con mis hijos, que están bien, son portadores de esta enfermedad que muchos han muerto. No son buenas noticias. Después, mi hija Irma tardó una semana para venir, hasta que se hizo la prueba también del COVID-19. Ella salió negativa, gracias a Dios. Por fin está aquí conmigo, hasta que se vaya a España, porque si Dios quiere, para el 9 de enero, vuela para España, porque mi hija quiere ir a España para tomar una clase de español. Es muy inteligente mi hija y muy linda. Se parece a su madre, y es trabajadora también, porque tiene una cena y fue a una entrevista, y ya tiene trabajo. Nació con un ángel bajo el brazo.

Qué bendición tener hijos como los que tengo por la gracia de Dios. No los merezco, pero Dios ha sido muy bueno conmigo. A pesar de que no lo merezco, sé que mi pasado quedó atrás. Cuando recuerdo cómo fue mi niñez y cuando fui madre, comprendí muchas cosas. Me dije a mí misma que iba a ser diferente con mis hijos, especialmente con mi hijo, porque pensaba que con uno solo me iba a quedar. Pero no fui inteligente o no sé qué pasaba. Cuando me sucedían cosas que me dolían, pensaba que nunca más confiaría en otra persona, pero no fue así. Siempre me pasaba lo mismo. Pasaba buscando el amor, y créeme, hasta ahora todavía no lo encuentro. Pero hoy es diferente. Ya no soy como era antes. Ahora tengo temor de Dios. Sé que las cosas tienen consecuencias y que tengo que dar cuentas a Dios, que todo lo sabe y ve. Así que toco madera, como dice el dicho, "basta con los curas". Hice muchas locuras, pero no sabía que tenía que dar cuentas a Dios de lo bueno y lo malo cuando sea juzgada por Él. Así es. Cuando conocí del mensaje, quise cambiar mi vida. Era un desastre, pero al menos quise cambiarla. Pero no lo logré. Con tres hijos me casé y pensé que ahora sí había encontrado el amor. Pero no, me apoyé en alguien que era más variable que yo. No sabía lo que quería. Pronto se cansó y no era feliz.

¿Qué podía hacer yo? No lo busqué. Fue él quien me buscó durante mucho tiempo, incluso pagaba para saber dónde estaba. Pero pronto se enfadó. Bueno, para no hacer más recuerdos, no resultó. Pronto fuimos muy infelices, pero duramos más de 20 años hasta que me hizo su mujer. Entonces sí me liberé de mi vida, pero con un amargo en mi boca que hasta hoy digo: qué tonterías. Quien lo detenía para durar tanto tiempo sufriendo, eso es una cobardía. Pero ya no quiero hablar más de ese hombre, no vale la pena. Estoy bien, libre de sus malos tratos y sus malas manías. Créeme, traté de que se compusiera, pero "árbol que nace torcido nunca sus ramas endereza". Este nació torcido hasta las cachas, pobre, y yo tonta le creí que era bueno. Me sentí como mujer engañada. De primero podía jurar que todo era cierto, pero resultó ser un pobre petate falso y mentiroso. Bueno, para qué decir más. Aquí en el 2021, empezando este año, estoy muy contenta. Mis hijos están bien, y mi pequeña hija Irma está conmigo. Volvió a la universidad para terminar su carrera de Psicología. ¿Quién lo diría de una mujer tan problemática? Tengo hijos muy buenos, pero no creas que todo fue color de rosas. Mi vida no fue fácil. Hubo mucho esfuerzo, y hasta hoy sigo esforzándome para no ceder. Hay muchas batallas, pero me mantengo firme hasta llegar a la meta final. Quiero hacer muchas cosas, quiero terminar este libro para este año 2021. Como dice por ahí, "Año Nuevo, vida nueva".

Quiero empezar con el pie derecho los 365 días que tiene el año. Tengo muchos planes. Siento que el tiempo no me va a alcanzar, tengo que apurarme. Dios me ayude. Mi hija está a punto de salir para España. Yo quisiera irme con ella, pero tengo que quedarme, como dice ella, desde aquí la puedo ayudar, y es verdad. Así que me tengo que quedar, pero si Dios permite, después vamos a visitarla. Mi hija Perla y su esposo me dicen que me aliste, así que voy a esperar. Debo darme prisa para terminar este libro. Mira, este libro es toda mi vida entera: mi niñez, adolescencia y mis viajes. Soy una mujer tan fuerte que tú no puedes entenderlo, pero esta es mi verdadera vida. Esta mujer no se rinde hasta el final, aunque yo tenga más fallas que nadie. Todavía no pierdo la fe, aunque todo ande de cabeza. Ayer estaba por el suelo, pero hoy estoy con esperanza. Así es, siempre vivo con esperanza, porque es lo último que se pierde. Bueno, yo diría: Nunca te rindas, hay que luchar con el poder de Dios, nunca hay que rendirse, pase lo que pase, sigue adelante hasta el final.

Cuando yo era muy pequeña, nunca me acuerdo de un abrazo de mis padres. Cuando yo tuve a mi primer hijo, Emanuel, nació muy pequeñito porque yo desde que empecé, empecé muy mal. Yo estaba muy desorientada en mi vida. Todo el tiempo me pasé buscando cariño, pero no lo encontré, solo mal. Pero yo no entendía por qué me pasaba todo lo malo sin buscarlo. Siempre estaba falta de cariño, como desde el vientre de mi madre, ya estaba falta de cariño. Por eso, cuando encontraba a una persona que me decía "Te quiero", no pensaba en las consecuencias, solo quería sentirme amada y protegida. No miraba las mentiras que las personas podían decirme, yo creía todo, porque en mi mente no había mentira, traición o sacar ventaja de las personas. Solo estaba pensando "Me van a hacer daño". Mi prima era muy desconfiada, ella fue quien empezó a decirme: "No te creas de nadie que te ofrezca nada, porque te van a engañar". Pero yo le decía: "¿Cómo sabes tú si no te has casado? Yo quiero que me quieran, no quiero estar sola". No era deseo de estar con una persona para tener sexo, pero yo quería estar acompañada de una persona para pasear con ella. Pero nunca encontré. Bueno, nació mi hijo y lo quise tanto como yo pensaba, que decía: "Yo me muero con él, yo solo quiero a él y a todos los quiero". Pero él me enseñó cómo debía ser el verdadero amor, dispuesta a todo por el amor de madre. No como lo pasé en mi niñez. Mucho amor para mi vida, eso fue una traición de vivir, a pesar de mis problemas que tenía, solo pensaba en protegerlo, hasta de su papá si quisiera hacerle daño. Bueno, yo siempre tuve ese sentimiento de ayudar a las personas que eran víctimas de un abuso. Yo defendía a la gente. Recuerdo cuando yo tenía como 14 años, vi que un niñito no podía caminar, se tenía que pasar por debajo de un alambre de púas, y una señora le daba nalgadas para que se pasara. Eso era en mi Ejido Coahuayana, Michoacán. Bueno, creo que se me olvidó cómo se escribe, y yo le dije: "Déjalo, porque yo te voy a dar también a ti". No importaba que no conociera a la persona, nunca me gustó que se cometieran injusticias con nadie, por eso me metía, y me dicen que meto mi nariz donde no me importa. Pero yo no estoy de acuerdo con muchas cosas. No me gustan las injusticias, ni para mí ni para nadie.

Ahorita traigo un problema con mi hermano porque yo no estoy de acuerdo con lo que él hace con mi mamá. Le digo, pero creo que mi hermano tiene problemas de jugar dinero, y mamá le dio mucho dinero, pero él dice que no tiene dinero y él ha tenido en sus manos mucho dinero. Por eso me vi obligada a hacer una carta poder, donde mamá firmó para que yo administre el Seguro Social que es de mamá, y hoy estoy pensando y pidiendo a Dios que toque el corazón de mi hermano y ayude a mi mamá, porque yo ayudé para que mamá sacara dinero de la cuenta para comprar los boletos para mí y mamá, porque ella quiere ir a México. Pues, mi sobrina y mi hermano no les pareció, pero mamá se quiere ir. Por eso la ayudé y la voy a ayudar siempre, aunque mi hermano no quiera. Pues sabes, fuimos diez hermanas y tres hombres, pero ya no más. Mi hermano vive y él piensa que, porque él fue el único hombre que vive, quiere que las cosas sean como él dice, y mamá lo quiere mucho y se deja llevar por él. Pero mamá ya está grande de edad, si están bien las cuentas, tiene 93 años. Últimamente se le olvidan las cosas, no debe estar sola ni un día. Aunque dice que me pasa, aunque mi hermano tiene una carta poder, yo le dije a mamá: "Hazme una carta poder para que si mi hermano no te da el dinero, yo pueda hacer algo por ti". Y es verdad, si mamá no recibe el dinero, yo no voy a dejar que Manuel Suárez, así es el nombre de mi hermano, haga lo que quiera. Es muy feo, pero yo traté muchas veces y dejé pasar muchas cosas, pero creo que las cosas empeoraron más en lugar de arreglarse.

 Bueno, esto es para escribir otra historia. Ahora estoy pensando que si Dios quiere vamos a viajar a México en dos semanas, mamá y yo. Estoy un poco preocupada, pero tengo fe. Si Dios lo permite, así será. Solo Dios tiene la última palabra. Espero que todo salga bien. Hoy platiqué con mamá y está ansiosa, pero le digo que falta poquito. Tengo planes para que no esté sola. Pido que mi hermano venga de México. Quiero que mamá no viva sola. A ver qué pasa. Todo el tiempo he querido hacer algo por mis padres, por papá, hice lo que pude. Lo metieron en un lugar mal porque no estaba adecuado para mi papá. Pero pude sacarlo de ese lugar y finalmente, papá murió en mi casa. Todavía vivía mi abuelo. Quien quería ser mi esposo, porque finalmente vivía con el amor de su vida. Bueno, también me decía a mí que yo era el amor de su vida, pero después se acabó el amor. Pobre hombre, tanto que sufrió a nuestro lado. Pero eso está en su cabeza de niño que no sabía lo que quería, ni sabía ni iba a saber nunca. Pero bueno, todas las personas tienen derecho a equivocarse, pero qué equivocación. Da lo mismo, a ver quién tiene la razón, quizás no lo sepa nunca. Pero estoy tranquila, como he dicho, yo tengo a mis hijos y a mi niña. Ella se lo perdió, porque pienso que debe ser muy feo cuando los hijos no quieren saber de sus padres. Pero en este caso, ella lo buscó. Quisiera que un día se diera cuenta de que pudo haber hecho las cosas de manera diferente. Pero como digo, su cabecita no le ayudó y ahí están las consecuencias. Que siga así, ignorando los consejos que la vida da, que son muy buenos, para que se dé cuenta antes de que la muerte nos llegue, porque eso es el final, ahí será llorar y crujir de dientes. Se acabó, se acabó para siempre. Tenemos que dar cuentas a Dios.

    31-01-2021. Hoy tuve aparentemente una reunión rota, pero no me venció. Tuvimos una reunión en casa de mi hermano para supuestamente ponernos de acuerdo, pero salió peor de lo que estaba. Fui, pero él sabía que no iba a funcionar, porque mi hermano no quiere el bienestar de mamá. No me quiere, él quiere ser el dueño de todo lo que mamá tiene, pero no se hace cargo de mi mamá. No sé cómo ganó un caso con mi mamá y ganó el caso, pero no sé cómo mi hermano convenció a mi mamá. El caso es que ahora mamá no tiene dinero, y no me acuerdo de la cantidad exacta ni cómo fue, pero fueron alrededor de cincuenta y siete mil dólares. Toda la familia de mi hermano está en desacuerdo, pero no están a favor de mamá. Incluso de parte de mi hermano, están en su contra. Yo creo en mamá, porque cuando les conviene, dicen que mamá está bien, que sabe lo que hace o dice, pero yo no estoy de acuerdo.
    Me siento tan mal, especialmente mi hermana Emma, porque habíamos platicado y me falló muchas veces. Pero ella también es como mi hermano, cambian y luego se pelean y se insultan en sus borracheras. Y mi hermana Lupe, pobrecita, tiene muchos problemas y está enferma. Con los años, sabe enojarse con mamá, y por eso no le creo tampoco. Está en contra de mí, así que en este mundo, solo falta que tengamos el valor para comernos unos a otros. Pero yo voy a seguir luchando por el bienestar de mamá, porque todos dicen que la queremos, pero está sola. Es una vergüenza que digan que la

quieren, pero en cuanto les dice algo, se acaba el amor. Qué tristeza que, teniendo cinco hijas y un hijo cerca, ella esté sola, pensando que no la quieren. Tiene muchos nietos y bisnietos, y no vale nada, porque el amor es interesado, incluso en la propia familia.

Bueno, no sé si mi vida alcance para ayudar a mamá, pero quiero hacerlo, aunque vaya en contra de mi propia familia. Mi hermano es el que más ha hecho cosas ilegales aquí y en México, y no aprende por su ambición de dinero y su vicio de jugar en el casino. Por eso quiere tener a mamá con él, para seguir abusando, porque mamá cree en su hijo. Ella no creía que su hijo la dejaría sin dinero. Dicen que le dieron treinta mil dólares a mi hermano, pero fueron cincuenta y siete mil dólares, y en menos de 2 años, no tiene nada de dinero, y él, que quiere mucho a mamá no sabe qué pasó con su dinero. Mamá no supo ni sabe, porque mamá está muy avanzada en edad, su mente no le ayuda, y además, está muy enferma. Por eso, le he pedido que me firme una carta poder para poder ayudarla. Ya la tengo para poder ayudar a mamá. Lo primero que quiero hacer es que mi hermano no pueda tener que ver con el dinero de mi mamá. Bueno, ya estoy avanzando. Logré sacarla de ese apartamento muy feo, con mal olor y un peligro para mamá. Sé que costó trabajo, pero pienso ayudar. Llevé a mamá a México. Es muy estresante viajar con una persona como mi madre, pero lo logramos. Llegamos bien a México. Mamá a veces quiere estar allá y a veces quiere regresar. Pero por unos meses va a tener que permanecer allá con mi hermana Antonia, que a veces la ve muy bien, pero es muy enojona y tiene mucho que hacer. Ella quería que mamá se fuera, a ver qué tanto aguanta, y mi hermano dice que va a mudarse por ella. A ver quién lo hace. Mientras tanto, estoy buscando un apartamento para que mamá viva. Dios permita que las cosas mejoren.

Bueno, no todo es malo. También me divertí comiendo todo lo que en años no había comido, como guamúchiles, mangos tiernos, guanábanas, guayabillas, plátanos machos. Comí, pero mi estómago es muy frágil. Hasta me enfermé. Tuvieron que llevarme a un centro de salud en la noche, porque mi pancita ya me reventaba y tenía dolor en la boca del estómago y espalda, y mucho vómito. Me pusieron suero y medicina para el dolor en la vena. Yo no quería ir por miedo, pero ya estaba llorando, y pensé que estaba muy lejos de mis hijos. Pero luego se me quitó con la medicina. Gracias, la enfermera era muy buena, nada me lastimó. Tengo que reconocer que tengo un ángel que, por la gracia de Dios, me cuida. Me encuentro con personas que solo Dios puede hacer las cosas como lo que me pasó cuando venía de Tecomán al Camalote. Me dejó el carro que iba al Camalote, y yo estaba muy preocupada porque ya no alcancé el autobús, porque hay uno solo al día y no lo alcancé. Así que cuando llegué al ranchito, ya no había taxi en servicio, pero luego pregunté y un señor me dijo dónde pasan los taxis, y el conductor del autobús me llevó como una cuadra más adelante. Yo tenía miedo de caminar, ya que era de noche. Caminé un poco y pregunté a una señora que estaba friendo plátanos, y me dijo: "Pues ya se recogieron". Más miedo me dio, pero luego me dijo: "Aquí está este, debe querer llevarla". Atendí a dónde estaba, pues no miraba si era un taxi. Pero escuché una voz que me dijo adónde iba, y vi que había una señora en el asiento del copiloto. Le digo al señor del taxi que la lleve, y la señora dice: "Déjame en la casa". Yo dije: "Ay, señora, mejor no se quede". Tenía miedo de subirme sola con el señor del taxi. Le digo: "Acompáñeme para que te quedes tranquila". Regresamos y, ¡oh, Dios, gracias!, le decía, porque la señora fue y las tres llegamos al Camalote. Me dio mucho gusto, casi quería gritar: "¡Dios, oíste mi ruego por todo el camino! Tú sabes qué hacer conmigo. Ponme una persona buena". El taxi venía de Tecomán y además tenía a su esposa con él. Me dio mucha alegría que encontraran a una señora que las iba a llevar. Mi hermanita Selene Soto pronto se comunicó con mi hermana Carmen, donde yo estaba con ella. Pronto pudieron saber que yo estaba con mi hermana.

Bueno, mi hija llevó la peor parte. No puedo creer cómo hay gente con un corazón tan negro, y yo pensé que era que alguna persona de las que estaban en los Estados Unidos pasó algo. Después, cuando me di cuenta de que se trataba de mí, me dio mucho coraje. Le dije a mi hija: "¿Cómo pudiste creer esa mentira?". Me dijo: "Ay, mamá, una mujer fingió ser tú, un hombre amenazaba con matarte si no le contestaba". Bueno, no sé cómo se sintió mi hija después de casi un mes. No puedo tocar el tema con mi hija, y mucho menos con mi hija Irma. Quiero ayudarla, aunque sea sin causarle tristeza de que yo estoy muy triste. Sé que no quiere que yo esté triste. Hoy está tarde, voy a dormir. Mañana será otro día para recuperar fuerzas. Hoy es un nuevo día. Estoy esperando que venga mi hijo Tony. Ya lo preparé y pienso hacer unos taquitos para mi hijo, porque solo él estará comiendo carne. Gaby y yo no hemos comido carne en dos meses desde que mi hija Irma se fue a España. Me dice que está muy orgullosa de mí y que voy a vivir muchos años. Bueno, eso solo Dios lo sabe.

Esperemos tomar buenas decisiones. Ahora estoy en una etapa bonita de mi vida. Pienso que soy muy afortunada de tener a mis hijos casados. Solo me queda la más pequeña soltera, y pronto se va a graduar en psicología. Estoy muy contenta. Cuento los días en que sea el día. Hoy mismo he pensado que tengo ganas de que corra rápido el tiempo. Hoy mismo he pensado que tengo ganas de que corra rápido el tiempo. Me siento sola, pero no puedo decirles a mis hijos, y mucho menos a mi hija Irma.

Hay una persona que me dice que le gusto cómo soy. Yo la conozco desde hace casi un año. Hemos hablado, los dos estamos solos. Quiere casarse conmigo. Yo quiero darme otra oportunidad de sentirme cómo me dice que soy: una oración contestada. Quiere pasar el resto de su vida conmigo, y la verdad no me desagrada lo que me dice. Me gusta lo que piensa de mí. Estoy pensando en aceptar la propuesta que me hizo. Nos conocemos más, salimos, pasamos más tiempo juntos, y pido a Dios que pueda yo corresponder a su amor, como él me quiere a mí. Toda mi vida he querido encontrarme con un hombre que me quiera, que me sienta comprendida y amada. Que le guste cómo soy, que sienta que yo en su vida soy una persona que significa mucho y que llegué a su vida para ser un cambio. Le traje alegría a su vida. Siento bonito saber que puedo hacer algo útil en la vida de un hombre. Cuando has pasado por lo que yo pasé, te digo que ni pagando viven contigo. Eso es muy feo.

3-22-2021. Se siente tan mal que por un tiempo lo me lo repitió tantas veces que esa persona no sabe el daño que me hizo. Después, me di cuenta de que yo no era el amor de su vida. Ese amor fue como una llamarada de petate o como agua que no se retiene en tus manos. Pero yo me voy a levantar. Ya lo estoy logrando. Han pasado como

UN SUEÑO HECHO REALIDAD

5 años y todavía recuerdo, pero ya es menos el dolor. No hay mal que dure cien años ni ser que lo soporte. Bueno, ya me voy a dormir porque ya estoy con sueño. Mañana será un día nuevo, si Dios lo permite. Cada día es una oportunidad que Dios nos da a cada uno de nosotros. Así sea.

Hija, pienso que quieres que pronto pase el tiempo para que pronto estuvieras aquí. Estás tan lejos, pasando hambre, pero pronto estarás conmigo de vuelta, con nosotros, y todo esto será como un sueño. Cuanto quisiera ir con Perla, pero no creo que pueda ir, y luego pienso que no estoy trabajando, y que el dinero que tengo es mejor no gastarlo. Quisiera tener dinero, pero solo Dios sabe por qué no.

Muchos dicen que el que es desafortunado en dinero es afortunado en amores, pero para mí no es cierto. Yo siempre he querido encontrar una persona que me guste, pero hoy no quiero que me quiera, sino que me quiera como Dios manda. Así que no voy a perder las esperanzas. Dicen que con fe y vida, todo puede pasar. Así que la esperanza muere al último.

Cuando pienso en lo largo de mi vida, en cómo pasaron tantas cosas, me pregunto cómo y por qué, pero no sé. Pero de lo que estoy segura es que Dios ha sido muy misericordioso conmigo y con mis hijos. Los vi salir adelante, a pesar de que yo a veces estaba tan mal y no sabía cómo ayudarlos. Sé que ellos tuvieron mucha gente que, por la gracia de Dios, pudieron salir adelante.

Perlita, cómo trabajó para salir adelante y hoy mismo Irma, la más chiquita, sabe cómo comportarse como gente madura. Yo estoy orgullosa de todos mis hijos. Por ese lado, soy muy afortunada aunque no fui una buena madre para ellos. Hoy mismo sé que me quieren, pero yo siempre me siento que estoy muy sola. Quiero dejar que me quiera un hombre, que de verdad sea cierto que me ama, como lo dice. Y estoy pensando cómo serían mis hijos conmigo cuando les dé la noticia que he tomado esa decisión. Cuando yo les notifique, estoy pensando cómo será que van a decirme. Pero yo no me hago la idea de pasar sola por el resto de mi vida. Quiero pensar que yo puedo inspirarle a alguien cariño y traerle alegría y esperanza a quien me quiera, un hombre que me ame y, sobre todo, que me quiera como soy, que no me exija cosas que no puedo darle, que todo sea como yo esté de acuerdo. Eso lo soñé toda mi vida, ser libre, no sentir que tienes que hacerlo porque es tu deber como mujer, sentirme utilizada en lugar de sentirme amada, como Dios mandó a cuidar de la mujer, como un vaso frágil que se puede romper, sobre todo el corazón. Ese se rompe y es muy imposible de volver a recuperarse. Dicen que el tiempo es el mejor consejero y a través del tiempo podrás aprender a ser por lo menos más paciente, a esperar y tener fe en Dios y en ti. Con fe y esperanza, yo tengo fe en que Dios me dará la salida a todas mis peticiones.

Hay personas que te inspiran a confiar, como mi hermana Antonia. Yo tenía hoy pensaba que había una amistad, pero me dolió que mintiera mi mamá y hasta Fidelita, como ella lo llama. Yo quiero ayudar a mi mamá, y parece que no podría hacer nada porque mamá cree en Manuel, su hijo, que tiene un problema de jugar dinero. Por eso nunca es mucho lo que tiene, porque así como recibe, lo gasta. Mi hermano ha tenido mucho dinero en sus manos, pero él dice que es muy sabio. No admite consejos. A ver cómo termina este asunto con mi mamá. Espero que llegue bien y estando aquí, averiguar qué se puede hacer.

Yo tengo mucho sentimiento por el comportamiento de mi hermana y mi mamá, pero que Dios toque nuestros corazones para ser un cambio en nuestra familia. Siempre hay envidias, incluso por el cariño de mi madre. Aparte, todas estamos muy distantes. Cuando estamos juntas, nos enojamos. Parece que entre nosotros hubiera un mal, porque nomás no podemos llevarnos bien. Hasta tenemos ganas de matarnos entre nosotros mismos. Pienso que no hubo amor cuando estábamos en casa con papá y mamá. Puros malos tratos de parte de los dos. Hubiera querido que nos hubieran querido como yo quiero a mis hijos. Triste es saber que por cosas de la vida lleguen a pasar estas cosas tan terribles y saber que tarde o temprano nos iremos de este mundo, donde no habrá ni recuerdo. Todos nuestros recuerdos no estirarán más. Todo quedará en el olvido. Bueno, pero la vida sigue.

4-8-20-21. Hoy estuve hablando con mis dos hijas. Una platicaba cómo era de bebé, cómo tenía las cejas regadas, y ya de grande se había dejado poca ceja y que era gordita de chiquita. Como ha crecido mi sopito del permito llanero. Cumple 24 años y le falta casi 2 años para que sea una profesional psicóloga. Cuando tenía unos 6 años, recuerdo que miraba una casa bonita y me decía: "Mami, cuando yo esté grande, te compraré una casa como esta, bonita".

Pero hoy digo que espero que cuando mi nieto tenga 15 años, lo va a llevar con ella, y yo siento que de mí ya no, se alejará de llevarme con ella, y yo sigo esperando. Pero cuando se case, yo sigo esperando. Así es la vida, los hijos son prestados, uno da la vida por cada uno de ellos. Bueno, lo pienso así porque siento tanto amor que quisiera estar más joven para poder trabajar y dejarle una fortuna a cada uno de mis hijos. Pero no nací en cuna de oro, fui muy pobre desde que yo me acuerdo. Papá no tenía para comprar unos zapatos. Yo me acuerdo cuando caminaba por la tierra caliente o el Zacate me picaba, la tierra me quemaba. Era muy triste, pero qué bueno que me vine para los Estados Unidos, y mis hijos no pasarán lo mismo que pasé yo. Y lo más bueno es que no tuve que dejarlos resguardados para venirme, como pasa ahora en este mundo, arriesgándolos por el camino. Pobre gente, no sé qué haría yo en esos casos. Eso está muy peligroso. Como Dios tenía destinado que yo estuviera en este país, tengo mucho agradecimiento a Dios que tiene gracia de mí hasta hoy y siempre. De mis hijos, Él sabía cómo pasaba en mi pueblo sin saber leer. Si no hubieran venido para Estados Unidos, mis hijos no fueran lo que aquí encontré: muchos fracasos, pero también tuve la dicha de tener cuatro hijos: Emanuel, Antonio, Perla e Irma. Cada uno es un tesoro para mí, es una dicha tener mis hijos. Lo malo es que yo quisiera tenerlos conmigo, poder que se hubieran quedado conmigo, pero así no es. Ellos tenían que irse.

4-18-2021. Hoy es una historia más en mi vida. No sé qué estaba pensando en empezar a salir con un hermano de la misma denominación. Pensé que podría llegar a quererlo, y en un poco de tiempo llegué a pensar que podía llegar a encariñarme, pero pronto se terminó lo que pensábamos, pues de pronto sentí que era mi esperanza para salir de mi soledad. Pero mis tres hijos me dijeron que no estaba bien, y mi hija Irma fue la que se puso muy triste. Al verla tan mal, tuve que terminar definitivamente, porque no puedo perder a mi hija para siempre. Así que aquí pongo fin a este pensamiento. De pronto me dejé llevar, pero no puedo. Quizá mi hija tenga razón, y me está librando de una locura más.

Yo siempre dije que no me rajo, pero esta vez me rajé como si fuera jugando, pero así pasó. Pero yo no puedo, amiga, esto es todo. Mi única esperanza. Luego, no sé si ella tenga razón, tal vez Dios está hablando por medio de mi hija. Así que parece que fue un sueño nada más, que no era cierto. Pero yo tengo que aprender de mis malas decisiones. Espero que Dios no me tome en cuenta el mal que le hice a mi hermano en Cristo Jesús, porque él me decía que él podía tener paciencia para que yo llegara a quererlo y que él me quería. Bueno, parece como si yo hubiera querido darle falsas esperanzas, pero no fue así. Pero yo no puedo seguir adelante sabiendo que mi hija dice que ella sabe que no está bien. Que si, pues, no sé qué mi hija piensa, por eso aquí pongo fin a mi pensamiento, y que Dios nos haga saber lo que está mal. Siento que, por un lado, sé lo correcto, pero por otro, las veces con mis palabras, pero así pasaron las cosas.

Hasta que Dios tenga determinado mi fin, pienso que Dios me ha dado muchas oportunidades en mi vida. Esperaré más a ver qué tiene más para mí. Mientras tanto, esperaré a mi hija que vendrá hoy. Está tan lejos de mí a veces. Es tan difícil para mí. Pero yo tenía una llama en mi corazón cuando terminé con esa persona que mi hija me dijo que no me convenía. Y una vez ya lo había hecho, y por segunda vez lo hice sola. Yo sé cómo me siento, por una parte, estoy tranquila por mi hijo, pero por otra estoy muy triste. Siento que mi vida está terminada. Solo tengo la esperanza de que esto pase. Pero por ahora estoy sin saber cómo salir del problema que yo sola me metí, y que no tuve el valor de seguir adelante.

Por primera vez en mi vida, tuve que decirle a esa persona: "Perdón por lo que te voy a decir, pero esto se terminó. No, no me preguntes por qué. Esto es para siempre". Pienso que dejé ir a la persona que tal vez llegara a ser una persona que yo siempre busqué, pero eso no lo sabía. Porque esto es cosa del pasado. Hoy quiero saber que mi hija está tranquila, pero yo no creo que ella se dé cuenta hasta dónde siento y qué pienso. Pero por el momento, yo no pude dejar a mi hija pensar en contra de mí. Pienso que no viviría tranquila, sabiendo que mi hija no quisiera nada de mí. Solo que no tengo el valor para decirle: "Tú te lo perdiste". Lo voy a hacer. Lo que pienso que está bien para mí de verdad no pude, por eso terminé y definitivamente con este hombre. Con muy poco tiempo despertó la confianza que estaba perdida para mí. La confianza de creer en un hombre que quisiera quererme a mí como soy, con todos mis complejos y mi falta de confianza en el amor. Pero podía haberme enamorado o vivir bien con sus atenciones y cariño, pero duró poco tiempo. Hoy tengo miedo de volver a pensar que estaré todo el tiempo sola. Pero en medio del tiempo malo, hay tiempos buenos. Mi hija Perla no pudo visitar a mi hija Irma, pero si Dios lo permite, podrá venir a visitarme mañana. Estarán aquí, primero Dios. Pero como dice el dicho, uno dice y Dios tiene la última palabra. Solo Dios sabe por qué no pudieron ir para España, pero podrán visitarme pronto. No todo está perdido, siempre habrá cosas buenas.

5-3-2021. Bueno, mi hija Perla pasó una semana conmigo, y después me puse triste. Es como si fuera la primera vez, no puedo acostumbrarme a quedarme sola cada vez que se van, pero es la realidad de mi vida. Siempre estaré así. Hoy quiero pensar que mi Hija Irma pronto va a venir, aunque sea por un tiempo, y después se irá a acabar sus estudios. Hay momentos en los que siento como si fuera la única persona en este planeta. Estoy perdida entre la gente. Mi vida a veces no tiene sentido, y no puedo sentirme así teniendo cosas buenas, como lo que yo tengo. Pero esta es mi realidad. No sé a qué se deba sentirme así. Indudablemente, estoy sola, aunque tenga a mis hijos. Pero mi vida es para compañerismo todo el tiempo, no solo por un rato, porque para mí, una vida sin propósito es para mí. Pero tengo que salir de esta depresión, estoy esperando un milagro conmigo, una transformación. Pero todavía estoy esperando con paciencia. No puedo desmayar, todavía queda un tiempo más. Seguiré luchando hasta el final con la ayuda de Dios.

Voy a salir adelante, al fin. Esto no es nuevo para mí, hasta hoy ha sido una vida con muchas batallas desde que tengo uso de razón. Bueno, yo me acuerdo desde que tenía unos 5 años en adelante.

Sería que cuando yo era niña, no sabía cuántos años tenía. Hoy puedo pensar que cuando pasaba tantos trabajos, no tenía tiempo de preguntarme cuándo era mi cumpleaños. Hasta que me vine a Estados Unidos, porque me preguntaron mi edad. Fui aprendiendo cuál era mi fecha de cumpleaños, pues aquí para todo preguntan la edad. Así fue como aprendí que había nacido un día de junio 18 de 1958. Pero después de 3 años de estar en los Estados Unidos, me di cuenta de cuál era mi fecha verdadera, porque para mi madre era septiembre 18 1959. Hasta que yo fui a donde había sido bautizada, porque yo necesitaba tener mi acta de bautizo para poder hacerme residente. Así que tuve que buscar mi acta de bautizo, donde había sido bautizada. Afortunadamente, sabía cómo se llamaban mis padrinos, alguna vez había escuchado hablar de ellos a mis padres, porque creo que eran muy amigos de mi papá, creo que tenían amistad de mucho tiempo. Así que yo conocía los datos de mis padrinos, así se lo hice saber al padre de ese pueblo de Coahuayana, Michoacán. Así se llama mi pueblo, en donde vivía antes de que me viniera para Estados Unidos. Y aquí he estado, con batallas, cosas buenas y malas, pero con vida para contar. Mi historia es una historia real y muy verdadera desde mi niñez hasta ahora que tengo 62 años, y estoy contenta de que Dios todavía me tenga con vida. Aunque no es fácil, ha sido una vida llena de batallas. Pero todavía tengo esperanzas, porque la vida sigue con sus afanes y desventajas.

Voy a luchar por mi felicidad, hoy más que nunca, hasta cuando pueda alcanzar lo que es para mí en esta vida. Parece que no puedo pegar una, pero no voy a darme por vencida. No es tiempo para bajar la guardia, con la ayuda de Dios, lo más importante es hacer lo que es correcto ante este mundo para estar bien con nuestro Señor Jesús. No cuento los días, pero sé que estoy viviendo los días más largos para que mi hija Irma venga. A veces estoy muy angustiada, trato de no sentirme así, pero hay veces que tengo ganas de salir corriendo y consolarme con cualquier cosa, pero nada tiene sentido. Y cuando me preguntan cómo estoy, contesto bien, pero en el fondo de mi corazón estoy soltando el llanto. Perdí a mi amigo que solía decirme: "Ánimo, Angelina, te quiero de verdad, me gustas". Un texto a las 4 a. m., un canto, algo que me mandara. Lo extraño y hay días que quisiera mandarle un texto, pero no me animo, tengo miedo al rechazo o hacerle más daño. Creo que así como me encariñé él también se ilusionó en muy poco tiempo. Yo me estaba acostumbrando a sus atenciones. Una canción de Manolo Galván: "Te quiero y siempre te querré, te quise, te quiero". Cuando oigo esta canción que él me mandó, no puedo dejar de llorar. Y muchas más, le gustaban canciones muy románticas. Mira, no sé cómo pasó, pero en muy poco tiempo, él despertó en mí una esperanza que terminó muy rápido, tan rápido como empezó. Pero empezó en un tiempo muy inapropiado, porque yo no hice caso a mis pensamientos y me precipité, y hoy estoy pagando.

Yo sabía que mi hija estaba muy lejos y yo había pensado en él, cuando mi hija venga entonces le diré. Pero por ser sincera con mi hija, todo terminó mal. Estoy muy triste, pienso que con su cariño yo podía ser feliz, pero por lo menos dos de mis hijos no estaban de acuerdo. Hubo momentos en que me quise casar en secreto, no decirles a mis hijos nada de mis planes, pero no sé cómo le dije a mi hija, y lo tomó tan mal que no pude verla tan disgustada. Terminé con él, le dije: "Mira, no me preguntes, pero pasó algo que no puedo seguir contigo y hoy es para siempre. Perdóname, pero yo te fallé dos veces". Es un buen hombre. Así que hasta hoy no sé nada de cómo está, cómo lo tomó. No sé y pienso que no lo sabré nunca. Pienso que no quiero saber nada de él. Aunque me decía que él no es un hombre rencoroso, no sé, pienso que así como yo recuerdo, él también se acuerda de mí. Cosas que tiene la vida. En mis planes no pensaba que ocurrirían las cosas así, pero como te lo cuento, así sucedieron. No sé cómo pude equivocarme tan feo. Sin querer, esta vez yo fui la culpable. Somos dos personas que quisieron ser felices, pero no se pudo. Me faltó valor para dejar a mi hija. No quiero hacerte daño.

5-13-2021. Hoy me siento un poco inútil. Tengo a mamá aquí, pero el Día de las Madres fui a Yakima y me dolió ver cómo vive mi hermana Emma y su familia. Puedo ver cómo se destruyen hablando unos con otros, pero aparentemente son felices. Pero yo sé que no es cierto, y me duele porque ellas han hablado de mí. Tienen dos caras, pero espero un día se arrepientan y dejen toda esa vida vacía que viven, conforme a lo que dice la palabra de Dios. No mueran sin arrepentirse. Y también mi hermano Manuel, hoy estoy pensando en él, pero no puedo hacer nada. Las cosas caen por su peso, y mi hermano no se ha portado como debe ser. Sé que en esta vida algunas cosas son muy duras para poder aprender, pero uno elige lo que quiere. Lo malo es que no lo reconoce hasta que es demasiado tarde. Traté de llegar a un acuerdo, pero no se pudo. Hoy no estaba planeado, pero mi mamá se quiso venir conmigo. Tal vez no sé qué quiere enseñarme Dios con todo lo que pasa. Mi familia parece una dinastía.

Todos nos matamos, luego nos juntamos y nos damos besos de Judas. Nos traicionamos, hablamos de todos y luego nos reconciliamos. Somos muy chismosos y cobardes, porque negamos todo lo que decimos después. Nadie fue, yo escuché ayer una conversación de José y Emma Vásquez, una familia muy reconocida en todo Yakima, WA, donde no se niegan a nadie las puertas de su casa. Pero, aunque saludan de beso y abrazo, hablan de toda la familia y luego dicen: "Yo no fui, ella no se mete con nadie", y es la que más mata y entierra. Pero solo para hacer enojar a todos, incluso al más paciente. Se enojan mucho.

5-16-2021. Me sentí tan mal el domingo que estaba lleno de comentarios sobre todos. Solo sé y he oído lo mismo y lo niegan, pero yo sé que no lo entienden porque son ciegos espiritualmente. Hasta que un día lo reconozcan de muchas cosas, se arrepientan y entonces verán todo lo que dicen. Yo soy ciega y loca, pero después de tanta injusticia que se comete, yo pierdo los estribos con incluso mi familia, no tomo un vinito con ellos.

Así que esta es mi vida, para el que no lo sabe, me casé dos veces, pero no funcionó. Cometía cada cosa porque quería ser feliz, pero parecía que lo que quería se me iba de las manos. Todavía estoy esperando mi media naranja, como dicen.

6-6-2021. Hoy mismo estoy pasando por una situación muy triste con mi mamá. Desde el 10 de mayo, mamá se vino conmigo y está conmigo, pero mis hermanas no me hablan, y mi hermano Manuel menos. Piensa que mamá es de su propiedad y que puede hacer lo que quiera. Pues no, porque yo miraba cómo él se gastó más de treinta y siete mil dólares de mi mamá y ni siquiera tenía un cuarto apropiado para ella. Sentí mucho coraje y simplemente dejé ir a mi mamá hasta que se arreglen las cosas, y eso será en una corte para que el juez diga qué está bien.

Yo, desde que tengo memoria, mi hermano me odia. Él dice que yo lo odio, pero no es cierto, yo no apruebo las cosas que él ha hecho con mamá desde que mamá dejó a mi papá. Yo sé que mi papá hizo muchas cosas que mamá soportó. Desde que tengo memoria, papá le pegaba, tenía otras mujeres y hasta tuvo dos hijos fuera del matrimonio que mamá recibió. Yo antes no comprendía lo que pasaba, pero cuando crecí, bueno, no estaba tan grande, tenía 13 años, le dije a mi papá: "Llévame con mi tío David", que era hermano de mi papá, y mi tía Rosario Chávez, así me acuerdo de que era el apellido de mi tía. Tenía dos hijas, una llamada Socorro y Lupe, pero mi tía estaba muy enferma.

Recuerdo que decían que mi tía estaba esperando un hijo que tenía en Estados Unidos y que no quería morir sin ver a su hijo. Bueno, pues por fin llegó el hijo y mi tía se alivió unas pocas horas y después murió. Llegó como a las tres de la mañana y como a las tres de la tarde se agravó. Fue muy triste. Yo miraba a mis dos primas muy tristes. Pero por lo que sé, mi tía tenía mucho tiempo enferma y la llevaban con el doctor Juan que estaba en Madrid, Colima. Era un señor "Veterinario", y yo visité a ese doctor, pero no me alivié para nada.

Bueno para que sepan, mi prima Lupe apenas se acabó el Novenario, se fue de la casa de mi tío con su novio porque su papá no la comprendía. Bueno, los Suárez no comprendemos nada, y se quedó Socorro con mi tío y un nieto que tenía como 3 o 4 años, no recuerdo cuántos años exactamente, pero tres años cuando yo me decidí venirme para los Estados Unidos. Y mi prima le dijo a mi tío: "Papá, vámonos para los Estados Unidos", pero mi tío le dijo a mi prima: "Váyanse, yo no me estoy muriendo de hambre". Bueno, pues pasó que en esos días también mamá se fue del lado de mi papá con cinco hermanas y mi hermano Manuel. Papá me buscó para decirme que lo habían dejado solo y que mamá se había ido con todas las hijas y el hijo. Hoy comprendo cómo se sintió mi papá cuando llegó y la casa estaba sola. Aunque mi papá era muy recio con todos, y mi mamá toda la vida le aguantó, pienso que para mi papá fue muy duro. Yo creo que tenía coraje y muchos sentimientos. Me acuerdo de que él decía que lo habían dejado por los defectos que tuviera. Él pensaba en mi mamá y en mis hermanas, y le dolió más porque mi hermano se fue con mi mamá. Pues creo que mi papá tenía muchos sentimientos por lo que le hicieron. Estas son las palabras que decía cuando se refería a ellos.

Hoy que estoy recordando esto, estoy muy triste, han pasado muchos años, y yo todavía recuerdo. Pero he visto cómo mi papá pagó con creces, y mamá todavía está pagando. Unas hermanas no quieren recordar, otras se enojan al recordar, y mi hermano se agarró el papel de señor. Uno de hacer y deshacer todo porque él era el único hombre. Bien que yo no estaba con ellas. Pobre mamá, dejó a mi papá, pero sufrió mucho con mi hermano. Hasta ahora todavía quiere hacer lo que quiera con mi mamá, y mamá, aunque sabe cómo es mi hermano, todavía lo prefiere. Aunque mamá por mucho tiempo vivió sola, él todavía piensa que puede hacer lo que quiera con mi mamá. Hoy mismo, mamá tiene 92 años y, desgraciadamente, todavía quiere vivir sola. Pero sé que mamá tiene la mentalidad de un niño de 8 años, y a veces piensa que todavía puede y quiere vivir sola. Pero yo veo cómo a veces su mente la traiciona y dice cosas que no debiera. A veces me gustaría llegar a esa edad.

No puedo dormir, me puse a escuchar canciones de Jesús Eduardo, un cantante cristiano que siempre me ha gustado, y pensaba en él, y no pude conciliar el sueño. Pensé en decirte a ti, mi hija, que estaba pensando, pero pienso que no me perdona por haberlo terminado de la manera en que lo hice, y pensé en mostrarte unas canciones que él me mandó, y lo hice. Pero pensé que me preguntarías cómo conseguí esas canciones, pero no me preguntaste nada. Yo te dije que estaban bonitas las que cantaba, y me respondiste: "No están feas, son bonitas". Y te dije que me gustaban mucho y que estaban guapas esas canciones. Me recuerdan a alguien que me quería, pero yo lo terminé. Y me duele. Yo sé que es un hombre que no tiene mucho, pero en poco tiempo logró que yo me encariñara con sus cosas que me decía, sus mensajes, sus pensamientos. Y pienso en volverme a casar un día. Lo pensé y te lo dije a ti, mi hija Perla. Pero ese día estaba llorando. Pensaba en el rechazo de todos mis hijos, pero más por Irma, y más porque ella estaba lejos, estaba en España, y se enteró y se puso muy enojada. Que me vi casi obligada a decirle que iba a terminar con él, porque pensaba que si yo seguía con él, mi hija podía pasarle algo y yo iba a ser la culpable. Pero mi hija regresó, pero antes de que viniera conmigo, duró una semana con mi hija Perla, y ella ansiaba llegar. Pero cuando la veo, mi casa no está conmigo y pienso si vale la pena que yo tenga que esperar, y pienso que no hay futuro, solo estar sola. No siento que no es lo que quiero. Así que pensaré en mi futuro, en encontrar un hombre que me quiera como soy y que va a vivir para mí. Aunque yo pueda ser libre aunque él esté conmigo, suena bien. Que va a trabajar para los dos.

6-21-21 He comprendido que no se puede tener todo en la vida. Él, con sus palabras, ha despertado el deseo de vivir con esperanza y olvidarme de todo el pasado doloroso que pasé. Así que voy a darme otra oportunidad para saber si en verdad puedo ser feliz al lado de un hombre que no tiene nada más que su corazón. Me ha dicho que solo quiere lo que tiene para mí. He empezado a pensar que con un hombre cariñoso, pronto puedo llegar a encariñarme con él, y ¿por qué no?, hasta enamorarme de él con su amor y sus atenciones. Los dos podemos vivir el resto de los días o los años que Dios nos deje vivir. Tan solo en pensar tengo esperanza de vivir acompañada de un hombre que me trate como lo merezco. Hoy fue un buen día. Esto lo estoy platicando con mi enamorado. Han pasado cosas que tenía que platicar, porque fui yo quien tuvo la culpa de quebrar su corazón, y yo no me sentía bien. Tuve que pedirle una disculpa, platicamos y volvimos a ser novios otra vez. Yo me sentí contenta, a pesar de que yo le dije que era para siempre, que no me buscara, que no me pidiera explicaciones, que era para siempre. Yo estaba triste, pensaba en el daño que le había hecho, porque yo sabía cómo se ilusionaba y pensábamos casarnos.

7-8-21. Pasaron los días, un día me decidí a mandarle un texto. Le dije que tal vez pensaría que me estaba burlando de él, pero que en un momento de mi debilidad le había mandado el texto. Pero que yo había soñado que le pedía disculpas por lo que le había hecho. Bueno, lo busqué y le pedí disculpas, y empezamos otra vez. Hoy tenemos planeado, pero sobre todo, primero Dios permita que salga todo bien. Hay una preocupación, mamá vive conmigo desde hace dos o tres meses, pero yo no entiendo. Mamá, a sus 92 años, piensa que puede hacer lo que quiera. Pero yo veo que no es para estar sola. Hace muchas cosas, empacar comida, tomar medicina, y la pone en su mochila. Sale, toma la comida y no se la come. Quiere irse con su hijo, pero su hijo quiere tenerla para él solo, para seguir haciendo lo que quiere y como quiere, sin que nadie se meta. Toda la vida ha hecho las cosas como ha querido, y si no quiero pegar, piensa que todavía somos unas mocosas que puede manejar a su antojo. Pero yo he dicho que no está bien. Yo le pido a Dios que haya una solución para que mamá esté a gusto. Pero yo veo con tristeza que han pasado tres meses y no veo la salida. Pero debo tener paciencia, a ver cuándo se componen las cosas. Yo quiero que mis hermanas y mi hermano vean por mi mamá, y cada uno hagamos lo que debemos hacer, hasta cuando se arreglan las cosas.

7-15-21. Por otro lado, estoy muy inquieta por la decisión que he tomado. Hoy fuimos a la corte a pagar la licencia para casarnos, y no les he dicho a mis hijos esta vez, porque tengo miedo de que no lo tomen bien, y más mi hija Irma, que es más dura para comprender. Pero espero que no lo tome tan mal. Los demás tienen sus parejas, y no creo que lo sientan tanto. Pero mi hija Irma es diferente, a ver cómo reacciona. Por eso no le digo nada, hasta que los invite para notificarles que he tomado la decisión. Que no quiero estar sola y que me voy a casar, y que yo no la voy a olvidar, que voy a hacer lo mismo con ella. Que no olvide que la quiero mucho, pero que quiero tener compañía por el resto de mis días. Es todo. Que mis días son muy sin sentido, porque la mayoría del tiempo estoy sola, esperando que vengan a visitarme o que me venga a visitar. Esta vida para mí no quiero vivirla así. Por eso he tomado esta decisión. Espero no equivocarme. Bueno, nadie sabe lo que la vida le prepara. Solo Dios sabe. Yo le pido a Dios que no sea una locura.

UN SUEÑO HECHO REALIDAD

8-2-21. Bueno, ya nos casamos Edgar y yo, un martes, 27 de julio de 2021. Para mí fue muy duro porque mis dos hijas comenzaron a pedirme que no me casara. Pero yo ya había dado mi palabra, no podía dar marcha atrás, y estaba segura de que había tomado esa decisión. Aunque mis hijas no estaban de acuerdo, especialmente mi hija Irma, yo estaba cansada de estar sola. También sabía que no encontraría a un hombre mejor que mi esposo, que me quería como soy, que me hace sentir segura, y que viviría para mí. Estaría tranquila por su parte, ya que él me quiere. Mi cariño crecerá más y más por él. Por otro lado, mi hija Irma está disgustada conmigo, pero pronto terminará su carrera y se casará con un buen hombre. Espero que sea feliz, porque es muy triste vivir sin afecto, cariño y sin que nadie te quiera. Yo solo quisiera que mi hija me comprendiera por haber tomado la decisión de casarme. Siempre quise que me quisieran, y ahora tengo a alguien que me quiere. Por eso estoy tranquila, al fin tengo a un hombre que finalmente me ama. Me siento como una reina y quiero que me ame así. Lo curioso es que veo todo esto cómo lo esperaba. Así lo quiero, porque me siento amada por él. Cuando no está conmigo, lo extraño.

8-11-2021 Yo estoy aquí esperando que sean las 9 de la noche, y bueno, a veces quisiera hablar más con mi hija. Pero hoy le mandé un mensaje de buenas noches y me contestó, pero ni ella ni yo tocamos el tema de mi esposo. No sé cómo piensa respecto a mí, pero yo espero que ella encuentre un buen hombre para que se case y sea feliz, porque es muy triste vivir sin afecto, cariño y sin que nadie te quiera. Yo solo quisiera que mi hija me comprenda, porque tomé la decisión de casarme. Siempre quise que me quisieran, y hoy tengo a alguien que me quiere. Yo lo espero con cariño y no me siento sola, porque sé que va a llegar. Además, me manda mensajes diciéndome: "Angelina, te quiero, eres mi amor". Me siento que soy para él la única mujer, y así me lo hace saber.

9-21-21. Mi hija hoy cumple 24 años y la veo feliz con su hermano. Pienso que no le hago falta, pero aunque siento tristeza, quiero que ella sea feliz. Hubiera querido que mi hija fuera mi amiga, pero no fue así. Para mí, hasta mi otra hija cambió conmigo. Pero pienso que fue mejor así, para que Irma tenga compañía. Las personas cambian porque así es la vida. No puedes tener todo en esta vida. Siempre sufres por alguien, la felicidad no es completa. Apenas se puede vivir, pero yo soy muy afortunada. Mis hijos están en buena salud, así que debo estar agradecida con Dios. A pesar de todo, tengo cuatro hijos hermosos que Dios me prestó. A mis 63 años, tengo cinco nietos que me quieren y me dicen que me extrañan cuando no me ven. Esa es mi vida. El tiempo pasó sin pensarlo y pasaron muchos tropiezos en mi vida. Pero Dios tuvo paciencia conmigo y me libró de no ser una persona más, sin cariño y sola. Aquí estoy todavía con ganas de vivir hasta que Dios me preste vida con salud y bendiciones. No porque lo merezca, pero Dios es grande y paciente. Tarda para la ira. Bueno, hasta otro día que vuelva a escribir. Gracias a Dios por mi hijo, en especial por mi hija Irma. Está cumpliendo 24 años, y aunque está lejos, Dios la bendiga y le dé salud y bendiciones.

 Hoy es un día que por la gracia de Dios estoy viva. Sé que a veces soy muy atrevida y me expongo al peligro. Ayer, cuando fuimos en bicicleta, mi esposo y yo, me le atravesé a un carro por en medio de la calle. Reconozco que no debo hacer eso, porque la gente a veces no puede pararse o no quiere. Debo tener más cuidado, pero me gusta hacer mis cosas sola, o no sola, pero que no me digan qué hacer. Siento que me ponen más tonta y cometo más errores. Pero hoy tengo a alguien que me cuida y me dice por dónde ir. Dice que me quiere, eso es sobreprotector, pero es porque me quiere. Siempre estoy dando gracias a Dios por eso. Te quiero, Angelina, eres mi amor. Me siento como la única mujer para él. Me hace sentir amada por él cuando no está conmigo. Lo extraño.

 Estoy preocupada porque Tony está enfermo, y con el tema del coronavirus, pienso que puede tenerlo. Pero espero que sea solo una gripe. El próximo viernes teníamos planeado un viaje a la costa, y estamos muy entusiasmados. Yo estoy invitada con mis nietas y mi nieto. Me siento contenta de saber que mi hijo Tony quiere que vaya con ellos. Apenas tengo dos meses de casada, y tengo mucha felicidad porque mi hijo Tony no cambió conmigo, ni Emanuel. Pero mis hijas sí. A veces siento que están tan lejos de mí. Quisiera saber si quieren saber algo de mí. Pero yo, como madre de mis cuatro hijos, los quiero, aunque cambien. Espero que no esperen hasta mi muerte para darse cuenta. Tal vez no he sido la madre que ellos hubieran querido tener, pero así es la historia. Hasta el día de hoy, lo recuerdo cómo fui de niña. También hubiera querido recibir otra clase de vida cuando fui niña, pero mis padres fueron pobres y muchos de la familia tal vez esperaban mucho de mí. Pero uno no puede dar lo que no recibe. Bueno, no todo está perdido. Tuve cuatro hijos sanos y maravillosos, gracias a Dios, y estoy contenta.

Mi hija Irma me llamó por videollamada. La vi cara a cara y estuve platicando con ella. Espero más recuperar la relación de madre e hija. Hoy es un día que, por la gracia de Dios, estoy viva. Sé que a veces soy muy atrevida y me expongo al peligro. Hoy, cuando fuimos en bicicleta mi esposo y yo, me atravesé delante de un carro en medio de la calle. Reconocí que no debo hacer eso, porque a veces la gente no puede pararse o no quiere. Debo tener más cuidado, pero me gusta hacer mis cosas sola. No sola, pero que no me digan "dale por acá" o "así". Siento que me hacen más torpe y cometo más errores. Pero hoy tengo a alguien que me dice "dale por allá" y "por aquí", pero dice que es porque me quiere. Siempre estoy dando gracias a Dios por tener a Edgar para que yo sea la primera persona en su día que me diga "te quiero, Angelina" y me diga por qué no me conoció antes. Aunque sean unos 10 años para tener un hijo contigo y dar lo mejor de mi vida. Es muy cariñosa conmigo. Hasta hoy, espero que no cambie. Le gusta todo de mí, bueno, solo una cosa no quiere de mí: que esté triste. Quiere verme contenta, riéndome y que esté con él hasta que señale. Me siento mimada.

10-12-201. Si le digo: "Quiero esto"; me dice: "Cómpratelo". Si le digo: "Voy a ir a la tienda a visitar a mis hijos"; me dice: "Ve, pero ten cuidado". No estoy sin salir, aunque a veces salgo con él. Me dice que soy como Emily. Emily es mi nieta de tres años, porque cuando voy a visitar a mi hijo Tony, ella siempre está lista para ir a algún lugar. También platico con mis dos hijas. Una me dijo que estaba con dolores por su periodo, y yo le dije: "Ya ten un hijo para que no tengas esos dolores". Me dijo: "Es porque quieres un nieto". No le dije nada.

Cuando yo era joven, también tenía esos mismos dolores. También le dije que ore por la abuelita de Lenny porque se puso enferma. Mi hija Irma me dijo que interrogara a su novio para ver si es un buen muchacho. Yo le pido a Dios que le dé un buen hombre a mi hija, que pueda respetarla y amarla, para que ella pueda confiar en un matrimonio como Dios quiere, que no fracase. Estos son los deseos que tengo para mi hija Irma, ya que ella es la última de mis cuatro hijos. Tengo 60 años, porque como lo mencioné, tuve cuatro hijos, dos hombres guapos y dos mujercitas muy lindas que a veces son un dolor de cabeza, pero son un amor los cuatro. Además, tengo cinco nietos. Estoy muy cansada de la vida, pero contenta porque tengo 63 años y tengo tres meses de casada por tercera vez. Espero estar casada por el resto que me queda de vida. Le pido gracia y misericordia.

10-25-2021. Hoy es un día muy especial, es el día de mi hijo Emanuel y mi hija Perla. Pido a Dios que los conserve con salud y felicidad. Mis hijas grandes, los dos están felices y casados, gracias a Dios. Por eso, Dios los bendiga siempre con sus hijos y esposas y esposos. Cuando pienso que mis hijos crecieron, es para mí un gozo, pero también tristeza. Pasamos muchas cosas bonitas y tristes, luchamos y salimos adelante. Dios ha sido bueno con nosotros, a pesar de que no todo fue malo. Tuvimos muchos momentos juntos. Y bueno, el tiempo se fue muy rápido, y tomamos rumbos distintos. Hasta nos hemos alejado unos de otros. Cada uno vive su vida de manera distinta. Doy gracias que soy una persona que conoce un poco de las Escrituras, y cada día lucho por permanecer más en la Palabra de Dios para no dar cabida al diablo, que cada día y cada instante anda como león rugiente buscando a quién devorar. Pido por mis hijos que Dios tenga misericordia.

11-11-2021. Yo este libro estoy escribiendo la verdad de mi vida. Hoy fue un día que tuvimos, creo que el más grande desacuerdo. En realidad, se fue solo a llevar su carro a hacer un estimado para que lo arreglen. Vino y no me dijo: "Ya vine". Yo también no le dije: "¿Cómo te fue?"; porque sentí que él es quien me debía haber dicho "ya vine", y no lo hizo. Así que está molesto conmigo porque no fui con él, y creo que se le está haciendo costumbre que yo lo busque, porque soy la que lo busca. Pero esta vez lo voy a dejar a ver cuándo se le pasa el enojo, porque esta vez no voy a aguantar que un hombre me haga sentir que no tengo derecho de nada. Yo me sentí muy mal cuando me dijo que me van a poner un papel en mi carro cuando él tiene cuatro pedazos de carros y no hay lugar para el mío. Eso me parece muy injusto, y es la segunda ocasión que lo dice. Le digo que me trate bien porque no me gusta cómo se porta conmigo. Si me compra cosas, siento que quiere comprarme, pero yo siempre he dicho que a mí se me trata bien porque no tengo precio. Yo no pido nada más que respeto y que me valoren.

Pienso que no hay nada que hacer al respecto, Dios me dará la salida. Escucho de un poco más. Bueno, esta vida es de retos todos los días, así que seguiré siempre luchando cada día más. No queda mucho tiempo, voy a luchar por mí, y de eso se trata esta vida, es de lucha. Solo pienso que de todas maneras estoy bien, ya que mi vida ha sido una lucha constante, pero todavía es una buena vida. Estoy contenta. Tengo una nieta que mañana cumple 6 años (12-11-2021), y mañana también viene mi hija Perla y Lenny. Estoy contenta, a pesar de que no la he visto desde que me casé, a ver cómo la veo, y extrañando a mi hija Irma, que también tengo meses que no la he visto, y este año no vino para las fiestas de diciembre. Después de mi casamiento, no la he visto en persona, pero me consuelo con hablar por videollamada. Mi hija Perla está aquí, y me preguntó qué pensará mañana que vino a mi casa a ayudarme a hacer tamales. No sé cómo se sentirá después de no vernos con buenos ojos. Mi esposo es la primera vez que viene mi hija después del día de mi matrimonio, que yo todavía recuerdo todo lo que pasó cuando les dije que me iba a casar con ese hombre. Desde entonces, no se ha tocado el tema, ni cómo piensa él ni lo que ella piensa. No le pregunto, como ella no me dice nada, yo tampoco pregunto. Bueno, a ver qué dice si viene mañana. Para mí, es como muy extraño, pero no tengo de qué sentirme disgustada. El primer día, vi a mi esposo reunido con mi hija Perla en casa de mi hijo Tony. Mi esposo no participó y no comió. Se sentó con su saludar. Para mí es un poco incómodo, pero así es mi Perla. No le dirigió la palabra. Tony es el que le habló. Estuvimos como de 5 a 9. De verdad, yo no me sentía bien, y hoy mi hija está en Yakima, y estoy triste porque no me siento bien. Estoy sola. No le hallo sentido a mi vida. Pienso que no sé lo que quiero. No sé cómo salir de esto, pero yo no puedo hablar con ninguna de estas cosas por miedo. Por eso, solo en este libro está toda la verdad.

1-11-22. Como pensé que al buscar un compañero, yo iba a pensar diferente, pero solo cambié por mis hijos, porque pienso que ellos me ven como una mujer que se casó para mejorar la vida. Pero mis hijas parecen adivinar las cosas, pero, pues así son las cosas de la vida. Hoy estoy muy triste. Mi hijo Emanuel está enfermo, al igual que su esposa y sus dos hijos, mis nietas y mi nieto. Mi hijo Tony, espero que no se enferme más en su casa. Yo he orado para que Dios les dé la salud, espero que mañana estén bien con la gracia de Dios. Sé que estoy nerviosa, pero también siento que mi garganta está caliente, pero no tengo frío. Bueno, es verdad que yo soy muy favorecida. Dios ha tenido misericordia de mí. No lo merezco, pero sé que mi Dios es fiel y que cuida de mi familia por gracia. No hay mérito en mí, pero por gracia Él lo hace. Es un Dios poderoso, misericordioso y sabe lo que es bueno para sus hijos. Espero que mañana estén bien.

Hay cosas que nos van a poner tristes en este mundo lleno de tragedias, pero todo es profecía que ya estaba predicha. Que en los últimos días estarían pasando. También me tocó experimentar el coronavirus y medio recio. Yo pedía en las últimas semanas que yo ya no quería vivir, estaba muy triste. Mis hijas, cuando estaban chiquitas, caminaban alrededor de mi cama cuando estaba en el hospital, y me dio un sentimiento que no podía dejar de llorar. Salí y vine a casa con oxígeno, pero un sentimiento muy grande. Hasta que hablé con mi hijo, me dijo: "Mamá, todo está bien. Ora por mí, mamá. Llégate ya, todo está bien. Cálmate". Y me sirvió la oración, la represión al enemigo que me tenía atormentada con esa tristeza.

Cuando me recuperé, le dije a mi esposo: "¿Puedo ir a ver a mi hija Perlita? Me dijo: Mamá, todavía está tu boleto para cuando quieras venir a vernos". Y en una semana estaba listo todo para mi viaje. Estuve casi un mes con mi hija Irma en Nebraska y fuimos a Colorado. Estuve con Perla, mi yerno, el novio de Irma, una semana.

Luego quise volver, y desde que vi a mi hija Irma, estoy más tranquila, porque sé que ella vive feliz. Pido a Dios que algún día forme un hogar y que sea feliz con la bendición de Dios. Ella vino a Pasco, aunque no me visitó, pero al menos vino con Tony. No sé qué piensa, porque no me pregunta si estoy feliz, pero al menos no me reclama por haberme casado con Edgar.

Perla, mi hija, apenas me saluda, pero tampoco dice nada. Los muchachos parecen llevarse mejor, pues así es la vida. Cuando en tiempos pasados no hiciste las cosas bien y vienes de un divorcio de más de 20 años, es muy difícil. Apenas puedes vivir con tu pasado, que aunque es pasado, a veces se hace presente y te persigue hasta la muerte. Por más que te propongas no recordar, como la vida es muy dura. Pero hay que seguir dando para adelante. Por una parte, estoy contenta en lo que se puede, puedo ir a donde quiero, sé que aquí está quien me espera. Ya estamos viejos los dos para pensar en cosas que no convengan. Creemos en Dios para tener temor de hacer cosas incorrectas. Hasta aquí llegó el divertimento como cuando éramos jóvenes, vida loca, pero uno le parece.

8-1-2022. Hoy es un día especial. Mi hija me dijo que su novio le pidió que se case con él. Al principio, me asusté porque pensé que algo malo había pasado. Le dije, "¿Qué pasó?"; cuando me dijo le respondí: "¡Ay, hija, me asustaste". Pero es una oración contestada, porque yo oraba a Dios para que hicieran las cosas como a Dios le agradan. Así que creo que Dios es muy bueno conmigo y con toda mi familia. Agradezco a Dios que a mi hija no le afecte la separación de nosotros, porque vi cómo le afectó recientemente. Pero qué bueno que con la ayuda de Dios y el tiempo, mi hija ha podido superar eso tan doloroso que sintió cuando supo que su padre tenía otra mujer después de tener 20 años de matrimonio. Y luego, cuando yo me volví a casar, mi hija no quería que me volviera a casar. Me dijo que mi esposo era como ese hombre que me iba a hacer lo mismo, y se negó y no asistió a mi ceremonia, y eso fue apenas hace un año. Yo pensé que mi hija le había afectado tanto que no iba a creer en el amor. Sé que hay cosas que en la vida nos han dolido, pero son parte de nuestra vida.

Hay cosas muy bonitas, como mi hija Perla, que hoy está cumpliendo 3 años de casada (8-11-2018). El año se me olvida. Dios los bendiga. Y para mí, hoy terminé una semana de clases que me parecieron muy interesantes para mi vida personal. Aunque fueron en inglés, me dieron mi diploma por asistir una semana. En mi vida, siempre quise asistir a clases, y cada vez que se me presenta la oportunidad, asisto. Recuerdo asistiendo a las pláticas para ser buenos padres. Por eso, creo que fui diferente en la crianza de mis hijos y verlos que son muy responsables en todo. Es un honor para mí. Me he encontrado con personas que me han dicho que hice un buen trabajo y yo veo que mis hijos son muy diferentes a otros muchos de su edad. Casados como Dios manda, sin hijos regados con otras mujeres. Bueno, hasta mis hijas parece que no se arrepienten de mi historia. Hoy estoy contenta, aunque es triste pensar que mi hija Irma me dijo que tienen planes para casarse en junio.

8-18-22. Estoy contenta porque mi hija llama y no está sola, pero siento que está lejos. Sin embargo, me quedan mis hijos aquí cerca. Hoy tengo miedo de morirme y no puedo evitar pensar en lo que hay más allá de esta vida. Que esta mañana no sé, por qué pensé y me dio tristeza. Pero tengo que pensar en muchas cosas buenas que faltan por hacer. La vida continúa a pesar del tiempo. Solo Dios tiene la última palabra, y yo espero en el Dios que hasta aquí me ha cuidado a mí y a mis hijos. Gracias.

Estoy pensando en ir para estar con mi hija Perla para el día de Irma. Solo Dios sabe si me permite ir. Tengo deseos de volar, lo bueno es que Edgar me dice que está bien, y yo creo que quiere que yo sea feliz. Eso me gusta de él, que me deja ir. Cuando era joven no fui a conocer lugares, pero hoy tengo la oportunidad de que quizás es una oportunidad que Dios me permite.

Se llegó mi hija Perlita me dio la noticia de que me compró un boleto de avión para ir a ver a mis dos hijas de nuevo (8-24-22). Me dijo para el 9-15-22. Me da mucho gusto poder viajar para verlas. Dios me permita estar allá. Por eso yo digo que soy muy afortunada de tener mis hijas que Dios me dio. Son buenos hijos, por eso gracias a Dios.

UN SUEÑO HECHO REALIDAD

Tengo *un esposo que* me da *permiso para ver a mis* hijas, aunque *no* todo es *color de rosa, pero no* me siento *presa, estoy libre y nunca* me he sentido así *en mi vida*. Por eso *digo que estoy libre, porque no* me prohíbe ir *con mis* hijas. Vivo aquí *en este apartamento que* él ha *vivido por mucho tiempo*. Aunque *no es muy bonito, es fresco y se puede vivir*. No *es* como *lo que yo* vivía, *pero me refiero* a mi *lugar, no con la persona que me* hacía *sentir que yo* no *era nada*. Aunque tenía *a mis* hijos *todos juntos, unos estaban estudiando, pero* a veces estábamos *juntos*. Pero *no* vivía *con* tranquilidad. Hoy *mismo vivo con* esperanza. Hoy *espero que mi* hija *Irma* esté comprometida *y* si Dios lo *quiere, yo* estaré paciente *por su boda*. Es mi hija chiquita, *es la* última *de mi ser*. Mi bebé. Hay muchos eventos *este* año *2022 y para* el *2023* será *más* importante la graduación *de mi* hija *Irma*. Ves cómo *tengo muchas cosas* buenas, *tristes y* felices. Creo *que* si no *fuera* así, mi vida no tendría sentido. No siento la emoción que siento con mis otros hijos, no puedo entenderlo, será porque es mi niña o no lo sé. Me doy cuenta de cómo pasan esos eventos. A decir verdad, no había soñado. Hoy voy a practicar la paciencia porque siento que faltan muchos meses. Dios está en los planes de mi hija y con todos mis hijos. No tengo mucha paciencia, pero le pido a Dios que me permita llegar a ver a mi hija. También tengo una gran fecha, diciembre 11, la graduación de Irma en Lincoln, Nebraska. Ya me muero porque llega el día para estar con mis dos hijas. Vivo agradecida por tener a mis hijos conmigo cerca, ya que mis hijas están más lejos. Me quedan dos hijos que están más cerca de mí. A veces pienso cómo me sentiría si no tuviera a mi familia cerca. A veces me siento triste, a pesar de que tengo a mis hijos. Son la razón de mi vida. Toda mi vida he pensado en ellos. Los quiero mucho. Por eso luché cuando eran niños, y ahora me queda solo orar.

12-8-13 2022. Tengo recuerdos tristes y buenos. Mi hija Irma me dio una sorpresa. Yo iba a su graduación los primeros 2 años de psicología, pero me dio sorpresa que se casó con su prometido porque ya estaba comprometida, pero la boda sería en junio de 2023. Y me sentí mal porque no me dijeron y para mí fue mucho. Luego, jugando, mucho ruido para dormir, esos 5 días fueron muy tristes para mí.

Recordé cuando yo me casé, mi hija Irma no asistió a mi ceremonia. Dos hijos y mi hija Perla, mi yerno, pero tenía una cara como que si me hubiera muerto. Hace quince meses y todavía recuerdo sus caras. Bueno, hasta este día les reclamé por qué no querían que yo me casara. Me sentí muy mal, tenía sentimientos encontrados. Sentía que yo estaba de más. Hubiera querido venirme inmediato.

Hoy siento que mis hijas están alejadas de mí, pero ni modo. Yo siempre digo que los hijos son prestados, pero no ha sido fácil. Siento que daría mi vida por cada uno de mis hijos, pero a veces pienso que yo para ellos estoy cuando les sobra tiempo, pero yo quiero que sean felices. Que cuando no esté en este mundo, no tengan culpabilidad ni remordimientos, y eso va para los cuatro hijos que tengo. Yo no conozco amor más grande que el de mí para mis hijos, porque si hay algo bueno en mi vida son cuatro hijos, y no importa cómo pasaron las cosas, no sentí en mi vida que yo haya dicho: "Estoy arrepentida de haberlos tenido", aunque no fue lo mejor para que ellos crecieran con sus padres verdaderos, pero hice lo que más pude para que fueran unas personas de bien. Creo que lo logré, pero quería más. Yo no me conformo con lo que son, pero están bien, gracias a Dios. No son borrachos ni rateros. No dejaron hijos regados y espero que así sigan siendo personas de bien, y sobre todo, lo más importante, que no se olviden de Dios. Eso me interesa, que cada uno supiera y llegara a conocer la verdad que está en la Palabra de Dios. Ellos conocen de la Palabra.

Una de las promesas de Dios está en Proverbios 29, 17. Hay muchas promesas cuando tú instruyes a tus hijos en el temor de Dios, hay bendiciones. Y lo he visto en mi vida. Hoy mi hija Irma me dijo que hoy fue su primer día de clases en la universidad y que también estaba trabajando. Para mí es un milagro de Dios que en tan poco tiempo ella tenga trabajo en un estado muy lejos, Mississippi. En el último día de diciembre de 2022, se mudó a ese estado, y el 1-10-2023, está en clases y trabajando. Soy bendecida con mis hijos. Mis dos hijas están lejos, y yo no imaginaba que los tendría así, pero así sucedió. Mis dos hijos están cerca. Mis nietos son mis coronas. Creo que por eso me he quedado cerca de ellos porque a veces estoy aburrida de estar en un mismo lugar. Siento que quiero alguien con quien estar, pero la mayoría del tiempo estoy sola. Bueno, no es de extrañar. Así ha sido toda mi vida. Siento que debería quedarme sola, pero también no estaba a gusto, pero no les puedo decir nada a mis hijos por temor a los comentarios. Así que Angelina se ajusta a ver qué pasa cuando estás solo. No sé si tengo un problema, pero estoy perdida la mayoría del tiempo. Pienso que es muy dura la vida, pero cuando veo que a mí no me pasa lo que les pasa a otras personas, pienso que lo mío es psicológico. Parece que tengo todo, pero yo estoy la mayoría del tiempo sola. Siento que tengo mucho que hacer, pero agobiada todo el día. Aunque pase en la calle unas cuantas horas, lo más es cuando estoy sola en la tarde. Pienso qué hago, ni deseos tengo de ir a hacer ejercicio. Unas veces pienso en ir con el doctor, pero luego no me gusta tomar medicina. Mis días son superlargos, más de 40 que dejé de trabajar. Hasta pedí ayuda para buscar trabajo y nada, no puedo encontrar trabajo. Pienso que tan solo unas horas de trabajo son muy duras. Dice un dicho: "Afortunado en dinero, es afortunado en el amor", pero no es cierto, al menos en mi caso. Pero tengo unos hijos que me quieren, aunque ya no vivan conmigo. Tengo nietos, son mis coronas en la vida, los quiero mucho. Dos hijas viven lejos de mí, solo mensajes de vez en cuando y me llaman. Son mi vida para mí.

Soy donador de todos mis órganos para quien los necesite, espero ser útil, algo de mí para algunas personas que lo necesiten. Quiero cuidarme para vivir mejor, hasta que Dios tenga la última palabra. Y quisiera un día poder sacar este libro para este tiempo que yo viva, pero Dios dirá, solo Él sabe el futuro. Por lo menos son mis deseos. Dios permita que uno de mis sueños se haga realidad.

Hoy es un día 14 de febrero, cuando el mundo está feliz porque es el día del Amor y la Amistad, pero yo pienso todos los días estamos vivos, queremos estar con los seres queridos. Todos los días son de amor, o son amor. En mi vida conozco el amor de mis hijos, porque en el amor de un hombre es una expresión muy común, pero se acaba cuando no me porto bien. Es un amor con interés, compañía, económico, amparo, para cuando dicen "pobre mujer, está sola". Bueno, eso ha sido mi caso. No sé, hay tantos divorcios que pareciera que las personas fuéramos desechables, que como en plato desechable, se tira a la basura. Les voy a contar cuántas veces me he casado: tres veces; y dos veces me he divorciado. Una por infidelidad, por parte de un hombre que según daba la vida por mí y el amor que un día parecía por mí, terminó siendo la nada. No por mí ni por su hija, que tanto quería. Terminó cuando su hija tenía 16 años, mi hija, mi chiquita, fue la más pequeña de cuatro hijos. Después de 20 largos años, se halló otro amor de su vida y no le importó nada. Nadie sabe cómo me dolió haber perdido esos 20 años de mi vida. Conocí el amor que me hizo tanto mal, ver cómo mi hija lo odió después del engaño. Pasaron cerca de ocho años y hasta ahorita no sé qué piensa mi hija respecto a su papá. Yo no sé nada si habla de él con otra persona o algo. Pero con esa persona, yo pensé que de veras era sincero, pero pronto viví que no era cierto, pero ya era muy tarde.

Viví con esperanza hasta que pasó lo peor. Estuve a punto de matarlo del coraje y la impotencia de no poder hacer nada, y perdí todo interés en vivir, solo el amor de mis hijos me hicieron vivir. Bueno, también gracias a Dios. Un buen día pensé: "Maldito Satanás, te lo tragaste a él, pero a mí no me vas a tragar", y empecé a pensar un poco diferente, pero hasta en el suicidio pensé. Qué bueno que Dios no permitió ni una de las dos cosas satánicas. Pienso como un ser humano piensa y hace las cosas más malas, hacerle daño a sus propios hijos. En mi mente no puedo entender por qué yo, por ellos, dejé mi manera de vivir para darles un buen ejemplo. Mi vida no ha sido fácil, pero he luchado toda mi vida para tratar de darles lo mejor a mis hijos. Pero solo por la gracia de Dios, hoy en día, mis hijos son unos buenos hijos, están casados, felices, responsables, con hijos, y ruego a Dios que permanezcan juntos toda la vida.

Hoy pienso que estoy en una violencia doméstica con mi pareja. Ya lo había sufrido en el pasado, pero mi mente estaba muy saturada de cosas que no podía pensar. Pero a lo largo de mi vida, puedo distinguir qué es. Pero la verdad es que somos unos payasos que nos pagan para hacer reír a la gente. Pero no más, yo no pienso que los trapos sucios se lavan en casa, debemos hablar, no quedarnos calladas, ni en la iglesia ni con consejeros, aunque digan: "Estás loca, tú me haces enojar o tú te lo buscaste". Cada uno debe ser dueño de sus culpas, como decía mi mamá: "No hay borracho que trague fuego o los niños y los borrachos dicen la verdad". Pobre mamá, casada toda su vida, soportó a papá, porque ella decía que se había casado para toda su vida, y venida a ver, al final, cedió en dejarlo cuando había tenido diez mujeres y tres hombres. Yo soy la número siete, uno de mis hermanos murió cuando yo tenía 4 o 5 años, cuando él tenía 19 años.

Pienso, la verdad no sé si estaba en mi mente, muchas cosas, no sé si las vio, las platicaron, pero yo sufrí violencia de niña, pero no sabía. Mamá no defendía a nadie. Ahora comprendo y rezo por el amor a mi padre. Cuando mis papás se separaron, yo tenía 13 años. Ahora sé, pero en ese entonces no sabía cuántos años tenía. Pero cuando tenía como 17 años, entré a los Estados Unidos y me fue mal, porque yo me había asegurado que nadie me pusiera una mano encima. Así empecé, fui a parar a la cárcel. Después conocí al papá de mi hija, pero él estaba casado. Me enamoró con sus atenciones, se convirtió en mi sombra en todo lugar, pero su familia se enteró pronto porque a él no le importaba. Yo, falta de amor, me enamoré como tonta, pero yo era dirigente de la Iglesia Católica. Un día me fui a confesar con el padre y me dijo que no podía hacer nada porque estaba casado, que aunque fuera verdad, a las dos estaba engañando. Fue un gran escándalo, después su esposa me quería matar, pero un primo de ella me quería, pero no pudo matarme. Ese hombre fue mi primer amor que me gustaba. No tuve relaciones hasta que pasaron muchos años, porque estaba enojada con la vida. Los que no tenían compromiso no duramos, pero él sabía cómo era yo. Así que cuando pasaron los años, no importó.

Conocí al papá de mi hijo mayor, mi primo, yo no sabía. Mis padres no me llevaron a conocer a la familia de mi padre. Se casó conmigo. Después de embarazada de mi hijo, antes de que naciera, me abandonó. Se fue para el norte de Carolina para que no le quitaran manutención por mi hijo. Luego, en el trabajo, me encontré con un borracho drogadicto. Me persiguió hasta que un día estaba cansada de trabajar, porque dicen que los borrachos no pueden. Así que para que me dejara dormir, permití que durmiera en el cuarto de mi media hermana. Pero ellos eran amigos en México y yo confié en esa media hermanita. Se metió con el papá de mi segundo hijo. Tuve otro hijo sin padre. Hoy, mi esposo Pucho llevando mi cartera quería hablar para una cita para mí, y porque no me ayudó para hablar. Me dijo que fuéramos por los anillos. No estaban los dos, solo él me había comprado por el Día del Amor y la Amistad. Él dice que yo lo hago enojar, yo le digo lo mismo. Pero este día me estaba estorbando el anillo. Me oyó decir que no lo quería. Pues vino, lo sacó de mi bolso, y él lo pisoteó, me lo quitó y lo puso en la basura; trescientos dólares se fueron a la basura. Yo me salí a la calle para no seguir peleando. Ese es mi esposo, que parece que está muy bien, pero parece que estoy casada con un niño de cuatro años. Pero yo no puedo decir nada por qué no quiero que sepan de mi vida. Solo Dios puede entenderme, nadie más. Pero yo sola, a los 64 años. Todos mis hijos están casados y no les voy a dar problemas. Yo me basto sola.

Llegó a las 10:45 de la noche, salió no sé a dónde. Pues yo tenía frío, apenas estaba tratando de dormir. No sé si puso algo en el refrigerador, salió. Yo empecé a escribir en mi libro. Si Dios quiere, lo voy a terminar. Si me muero, no hay problema. Como decía mi madre: "Di lo que pude, mañana está bien". Gracias a Dios por los años. Me prestó la vida, no la tengo comprada. Hoy hablé con ella, mi sobrina me contestó. Me dijo que mamá estaba cenando una mojarra y no sé, ella se va a atorar con una espina. En serio, pedí hablar con mamá. Le dije a Toña que tiene pendiente de ti, yo vivo a 75 millas de Yakima, W. Yo vivo en Pasco, W. Cuando no duermo, puedo salirme de la carretera, me duermo manejando. Por eso dice la gente que estoy muy loca, pero yo creo en mí y en Dios. Hoy estuve con mi hijo Emanuel y dos nietos por mucho tiempo. Parecía que no tenían confianza en mí, pero hoy levanté a Samanta de la escuela, la traje a su casa. Perlita y mi yerno estaban juntos. Me da gusto que nos llevemos como familia. Estaba cansada, muy cansada. Me había despertado temprano y mi esposo y yo estábamos en desacuerdo por el apartamento y cosas muy fuertes. Creo que hoy si nos pasamos, tiro un anillo. Bueno, no sé, pero parece que lo mencioné.

Pero hoy eché de cabeza hasta a la vecina y todo el mugrero que tiene mi hijo. ¿Sabes por qué le dio vuelo? Porque me recuerda a ese hombre. Si un día llego a publicar mi libro, va a decir que todavía lo quiero. ¿No es verdad? Me acuerdo, porque dice mi mamá: "Todos los hombres están cortados con la misma tijera". Y tiene razón. Y yo le puedo meter las manos por mi madre porque yo lloro lo que sufrió con mi padre. Uno aprende, a veces, por lo que ve y vive, como otros dicen: "Escarmientas en tu cabeza, no en ajena". Y algunas personas ni en lo propio ni en lo ajeno, como yo tengo el corazón de pollo. Pero de lo que estoy segura es que nadie me va a abusar ni con palabras. Cero tolerancia, porque son unos cobardes. No actúan su culpa. Bueno, no todos, pero esto es para los que les venga el saco.

Otro dicho de mi madre: "Total, este día hubo muchas emociones". La última llegué como los borrachos, ya para llegar en la curvita cerca de la casa, faltó poquito para salirme. Mañana contaré más, si Dios me permite. Bueno, ya han pasado varios días. Me siento muy bien. No tenía deseos de escribir, pero quiero acabar mi historia verdadera. Dice mi mamá: "Los problemas no vienen solos". Yo andaba un poco alterada y mi vigor así le digo, me había comprado un anillo de más, con dos diamantitos. Costó alrededor de trescientos dólares. Yo me lo quité porque me estorbaba para lavar los trastes. Oyó que dije: "Este anillo me está estorbando". Me lo quité y lo puse en mi bolso de mano, y de allí lo sacó, lo quebró y lo echó a la basura. Trescientos dólares se fueron a la basura.

Yo le contesté: "Al cabo es tu dinero". Se violentó, y yo también, me impugnó. Pero lo que me dolió más fue lo que hizo con el anillo. Desde entonces yo no puedo estar con él. Él en su cama y yo en el sofá. Hasta que se me curen las heridas despertadas de mucho tiempo atrás. Yo no entiendo a los hombres. No pueden hacer nada sin una mujer, y las humillan tan feo. Este hombre un día dice "Te quiero", y otro día me ve con todos mis defectos. Yo estoy cansada, pero no preocupada. Él pierde más. Yo le digo: "Fíjate que hablas. No me ofendas porque si me ofendes, el que pierde eres tú". Yo creo que quiere vivir solo como antes, pero Angelina, mi prima, lava la ropa, limpia la casa, pero no debe decir lo que no le gusta. Pero esta Angelina dice: "Y va a decir siempre bueno", como dice un dicho: "¿Para qué te casabas, Juan, si ya te habías divorciado?". Pues en cierta manera es cierto, pero yo lloro porque mi historia sigue.

Digo un pasado. Los primeros 5 años son puro gala, y sigue y sigue ganando. Yo sigo también. Pienso que él se niega a ver o a oír y yo la paciencia es la que no tengo. Se me termina bien rápido porque yo no puedo lidiar con niños ya avanzados de edad y no saben hacer nada, ni se dejan ni llegan a crecer. Eso sí me incomoda, pero yo no pienso hacer nada. A mí no me impide en nada. Creo a mis alturas no es una preocupación, y más creo que no hay tiempo para esas cosas. Mamá dice que el que nace para tamal del cielo le caen las hojas. Pienso que quiere decir que no todos encuentran a alguien que los quieran como ese amor que dicen que existe.

Bueno, porque estoy mucho lamentándome, la vida sigue. Tengo muchas cosas buenas, aunque la vida parezca fea, pero tiene muchas cosas muy buenas. Yo, a pesar de esto, que vivir, tengo mucho que agradecerle a Dios, tan solo porque tengo cuatro hijos, cinco nietos que quiero mucho. Son milagros, y sobre todo, porque son muy inteligentes. No tienen ni una insuficiencia, y eso es mucho alivio para mí. Una tranquilidad. Siento que soy muy bendecida. Tan solo por eso tengo que estar muy agradecida. No conozco fortuna, pero esta vida es muy bendecida. Pero estoy pensando seguir adelante hasta el final. Quiero ser fuerte, así como he sido. Yo creo que tengo mucho que pensar. Publicar este libro, eso es mi deseo. Dios me conceda, y si no, pues Dios sabe, lo dejo en las manos de Dios.

En la familia, mi familia, no tenemos título ni dinero. Creo que no tenemos una vida apreciable. Al menos, hasta donde tengo entendido. Yo quisiera haber sido muy apreciada cuando estaba niña. Mis padres tuvieron muchos hijos y no tenían tiempo para nosotros. Pero estoy bien, papá trabajó muy duro. Creo que su vida fue muy dura. Por eso pasó a descansar pronto. Yo estoy agradecida porque tengo mis hijos, y mamá todavía vive con sus enfermedades. Doy gracias a Dios por ella, por mi mamá, sufrió mucho, hasta que tuve a mi hijo comprendí cómo sufrió, aunque yo prácticamente tenía todo económicamente, me faltó la ayuda de un hombre, pero salí adelante con la ayuda de Dios. Estoy muy agradecida. Ahora quiero terminar mi libro, y cuando lo termine y pueda tenerlo en venta, quiero vender muchos y tener dinero. Dios quiera que sea de mucho éxito. Dios quiera. Estoy con mucha esperanza de que esto funcione. Estoy por darle fin, y luego a ver cómo empiezo. Espero tenga bendiciones.

UN SUEÑO HECHO REALIDAD

Gracias a Dios, lo terminé. Quiero que las personas puedan leer estas historias verdaderas. Estaré plenamente agradecida. Hoy es un nuevo día lleno de esperanzas. No sé cómo hacerlo, pero buscaré. Espero en Dios que ilumine mi mente.

Gracias a Dios.

SOBRE EL AUTOR

A pesar de lo complejo que se le presenta la vida, ella se considera fuerte, responsable y una mujer de fe. Nunca ha pensado en ella personalmente. Con el tiempo, creció y comprendió más del amor. Amor para sus hijos, pero más importante aún, amor hacia sí misma.

Printed in the USA
CPSIA information can be obtained
at www.ICGtesting.com
CBHW021210150824
13133CB00012B/358